나는 매일 모든 면에서
조금씩 좋아지고 있다

나는 매일
모든 면에서 조금씩
좋아지고 있다

김태광(김도사) 지음

매일경제신문사

성공하고 싶다면,
인생을 바꾸고 싶다면
'이것'을 바꿔라!

"어려서부터 부모님 말씀에 순종하면서 살았는데 마흔의 나이가 되어보니 잘못 살았구나 하는 후회가 밀려왔어요."

"그동안 열심히 살았는데 수억 원의 빚만 있습니다. 빚에서 탈출해서 경제적 자유인이 되고 싶어요."

"제 주변에 스펙과 학벌, 외모 이런 면에서 저보다 훨씬 부족한 사람들이 더 잘 나갑니다. 저는 아무리 노력해도 안 되는데 방법을 모르겠어요."

우리나라는 물론 해외에서도 많은 사람이 나에게 도와달라며 찾아오고 있다. 대부분 사람들이 가진 고민이나 어려움은 엇비슷하다. 경제적인 자유인이 되고 싶다거나 지금보다 더 나은 삶을 살고 싶다는 것이다. 직장생활에서 벗어나 자아실현을 하면서 세상에 이로움을 전하는 일을 하고 싶다는 이들도 많다. 나는 그들에게 내가 어떻게 해서 과거의 비참한 삶에서 눈부신 지금의 삶을 살 수 있었는지에 대해 있는 그대로 들려준다. 지금까지 걸어오면서 경험한 시행착오, 숱한 실패, 그 속에서 알게 된 깨달음과 교훈, 진리, 노하우를 아낌없이 전수해준다.

세상에는 가장 빨리 부자가 되는 비법이 존재한다. 하지만 안타깝게도 과거의 나처럼 거의 모든 사람이 이것에 대해 알지 못한다. 부모를 비롯한 인생 선배들이 걸어온 천천히 부자 되는 전철을 답습하고 있다. 자기 몸값을 10배로 높이기 위해 노력하기보다 불안한 마음을 잠재우기 위해 가벼운 자기계발을 한다. 빠르게 경제적 자유인이 되고자 하면서도 불안한 미래를 위해 열심히 저축하고 있다. 이런저런 보험에 가입해 예기치 않은 불운한 미래에 대비하고 있다. 현재도 충분한데 더 많은 스펙을 위해 시간과 돈, 에너지를 쏟고 있다. 그러나 그들은 이러한 것들이 오히려 인생을 가난하게 만들고 불행한 미래를 창조하고 있음을 알지 못한다.

나는 나를 찾아오는 사람들에게 단호하게 말한다. 성공하고 싶다면, 인생을 바꾸고 싶다면 그동안 가졌던 생각과 말과 행동을 다 바꿔야 한다고 말이다. 과거와 같은 모습으로 살면서 다른 삶을 기대하는 것은 도둑놈 심보와 같다. 역사상 가장 위대한 물리학자로 손꼽히는 토머스 에디슨(Thomas Alva Edison)은 "어제와 똑같이 살면서 다른 미래를 기대하는 것은 정신병 초기 증세다"라고 말했다. 나 역시 책과 유튜브에서 비슷한 말을 했다. "과거와 결별하지 않으면 눈부신 미래와 결별하게 된다." 지금의 삶이 만족스럽지 않다면 바꿔야 할 것은 바로 자기 자신이다. 자신의 생각과 말과 행동을 바꾼다면 삶은 자연스레 바뀌게 된다.

지금은 많은 사람이 가르침을 받기 위해 나를 찾아오고 있지만, 과거에는 너무나 못났고 지질한 존재였다. IQ 89, 기초생활수급자 가정, 언어장애, 전문대 출신, 신용불량자 신세였다. 여기에다 20대 후반에 아버지께서 갑자기 음독으로 세상을 떠나시면서 지금의 화폐 가치로 따진다면 2억 원에 달하는 빚 유산을 남기셨다. 그 당시 모든 것이 깜깜한 동굴과 같았다. 아무리 주위를 둘러봐도 나를 도와줄 사람은 아무도 없었다. 나를 도와줄 이는 나 자신뿐이었다.

20대 후반 시절, 고시원에서 생활하며 막노동으로 근근이 생활하며 꿈 하나만 좇으며 살았다. 가족을 비롯해 친척들, 친구들이 나의 성공을 의심하고 있을 때 나는 목숨 걸고 내가 해야 할 일을 해나갔다. 그 과정에서 보통 사람들은 느낄 수도, 경험할 수 없는 상처와 고통, 슬픔, 시련과 역경에 처해야 했다. 하지만 그러한 것들은 나를 단단하게 만들어주었고 나 자신이 얼마나 대단한 존재인지를 깊이 깨닫게 해주었다.

지금의 나는 100평 펜트하우스에서 살고 있고, 40개의 부동산을 소유하고 있다. 작가, 코치들 가운데 최초로 책 쓰기와 출판에 관한 특허를 보유하고 있고, 15년간 1,200명의 평범한 사람들을 단 몇 개월 만에 책을 쓸 수 있도록 코칭했다. 나는 지금까지 300여 권의 책을 집 필했지만 그럼에도 40대에 불과하다. 나는 우리나라에서 가장 많은 교과서에 글이 수록된 작가, 가장 많은 책을 쓴 젊은 작가로 손꼽힌다. 나는 세상에 책을 써서 퍼스널 브랜딩 후 상담, 코칭, 교육, 사업까지 할 수 있다는 것을 증명해냈다.

이 책에는 내가 지금의 위치에 오르기까지 하나씩 장착한 성공의 원리와 습관, 잠재의식 개조하는 법, 그리고 잠재의식을 깨워 부와 성 공을 세팅하는 방법이 고스란히 담겨 있다. 내가 가지고 있는 성공 무 기들을 그대로 복제해서 당장 실행해보길 바란다. 내가 그랬던 것처럼 당신 역시 꿈꾸는 모든 것들을 성취하게 될 것이다.

성공 일타코치 김태광(김도사)

CONTENTS

GETTING
BETTER

Part 1

내가 살면서 만난
진짜 부자들의 특징

시각화

01

믿는 대로 되는
마법의 주문

"성공을 확신하는 것이 성공의 첫걸음이다."
– 미국 목사, 로버트 슐러(Robert Schuller)

사람은 자신이 믿는 대로 된다는 말이 있다. 나는 이를 '신념의 마력'이라고 표현한다. 사실 어떤 일에 도전하기 전에 '분명 실패할 거야'라고 생각하면 정말 실패하게 된다. 반면에 '나는 잘할 수 있어'라고 마음먹으면 보란 듯이 성공하게 된다. 그래서 성공과 실패는 신념에 좌우된다고 해도 과언이 아니다.

자신이 믿는 대로 된다는 것을 생생하게 보여준 인물이 있다. 바로 빌 게이츠(Bill Gates)와 아널드 슈워제네거(Arnold Schwarzenegger)다.

컴퓨터가 상용화되지 않았던 시절, 게이츠는 '모든 책상 위에 컴퓨터를, 모든 가정에 컴퓨터를'이라는 원대한 꿈을 꾸었다. 그 결과 오늘날 모든 가정과 사무실의 책상마다 컴퓨터가 놓여 있게 된 것이다. 슈워제네거는 어떨까? 그는 가난한 어린 시절을 보냈는데, 항상 책상머리에 세 가지 목표를 적어 놓았다고 한다.

첫째, 영화배우가 되겠다.
둘째, 케네디가의 여인과 결혼하겠다.
셋째, 2005년에 캘리포니아 주지사가 되겠다.

영화배우가 되겠다는 목표와 케네디가의 여인과 결혼하겠다는 목표는 이미 실현되었다. 그리고 세 번째 목표인, 2005년 캘리포니아 주지사가 되겠다는 목표 역시 놀랍게도 보궐선거로 2년 앞당겨 이루었다.

예전에 백만장자들을 대상으로 부자가 된 비결을 물은 적이 있다. 그들이 공통으로 꼽은 비결이 무엇인지 아는가? 바로 자기 믿음이었다. 따라서 지금보다 더 나아지고 싶고, 성공하고 싶다면 분명 그렇게 된다는 믿음을 가져야 한다. 마음속으로 '내 운명은 원래 이렇게 가난하게 살도록 정해져 있어', '아무리 노력해도 성공하지 못할 거야'라고 자신을 불신하면, 밑바닥 인생에서 벗어날 수 없게 된다.

꿈을 실현하는 것도 마찬가지다. 꿈은 반드시 실현된다고 믿어야 한다. 그래야 그 꿈을 향해 최선의 노력을 쏟을 수 있게 된다. 인간은 자신이 할 수 있다고 믿는 것에만 열정을 쏟을 수 있기 때문이다.

지금 하는 생각과 행동이 운명을 만든다

독자들 가운데 집이 가난하거나 지방대 출신이라는 이유로, 내세울 만한 스펙이 없거나 자신의 외모에 대한 콤플렉스로 고민하는 사람들이 있을 것이다. 만약 그렇다면 고민만 하지 말고 자신의 운명을 바꾸기 위해 노력해야 한다. 비록 지금의 처지는 초라하고 힘들더라도 확고한 꿈을 품고 그것을 이루기 위해 열심히 노력해야 한다. 만약 스펙이 부족하다면 필요한 스펙을 쌓으면 된다. 외모 콤플렉스도 마찬가지다. 자꾸만 콤플렉스를 떠올리면 의기소침해지고 자신감만 떨어질 뿐이다. 그래서 콤플렉스보다 자신의 장점을 자꾸 떠올릴 필요가 있다. 그러다 보면 자신에게 단점보다 장점이 더 많다는 것을 깨닫게 되고 자신감을 가질 수 있다.

지금의 초라함과 고통은 훗날 꿈이 실현되는 순간 안개처럼 사라지게 마련이다. 명예, 부가 저절로 따라오기 때문이다. 지금 가지지 못한 것들을 모두 누리게 된다는 뜻이다.

운명은 정해져 있지 않다. 지금 하는 생각과 행동이 운명을 만든다. 만약에 운명이 정해져 있었다면 칭기즈칸(Chingiz Khan)은 결코 역사에 이름을 남기지 못했을 것이다.

세계를 제패했던 최고의 전략가 칭기즈칸은 "집안이 나쁘다고 탓하지 마라. 나는 아홉 살 때 아버지를 잃고 마을에서 쫓겨났다. 가난하다고 말하지 마라. 나는 들쥐를 잡아먹으며 연명했고, 목숨을 건 전쟁이 내 직업이고 내 일이었다. 작은 나라에서 태어났다고 말하지 마라. 내겐 그림자 말고는 친구도 없고 병사는 10만 명, 백성은 어린애, 노인까지 합쳐 200만 명도 되지 않았다. 배운 게 없다고 힘이 없다고 탓하지 마라. 나는 내 이름도 쓸 줄 몰랐으나 남의 말에 귀 기울이면서 현명해지는 법을 배웠다"라는 말을 남겼다.

또한, "너무 막막하다고, 그래서 포기해야겠다고 말하지 마라. 나는 목에 칼을 쓰고도 탈출했고, 뺨에 화살을 맞고 죽었다 살아나기도 했다. 적은 밖에 있는 것이 아니라 내 안에 있었다. 나는 내게 거추장스러운 것은 깡그리 쓸어버렸다. 나를 극복한 그 순간 나는 칭기즈칸이 되었다"라고 했다.

어린 시절 칭기즈칸의 삶은 너무나 비참했다. 그가 속했던 부족은 작고 나약했으며, 그는 아버지 없이 자라 글도 배우지 못했다. 그러나 그는 원대한 꿈을 품고 있었다. 미래를 예측할 수 없는, 끊임없는 전쟁과 약탈 속에서도 절망하지 않았던 것은 꿈 때문이었다. 그것은 몽골을 통일한 후 타국의 침략을 받지 않는 위대한 국가로 만들겠다는 것이었다. 훗날 그 꿈은 그의 강한 리더십과 진정한 용기로 실현되었다.

당시 몽골 인구는 200만 명 정도에 불과했다. 변변한 문자도 없던 야만 국가였지만, 2억여 명 인구의 주변 국가들을 무려 150여 년 동안 거느렸다. 그가 지배했던 땅은 777만㎢로 알렉산더(Alexander) 대왕과 나폴레옹(Napoléon)과 히틀러(Hitler)가 차지한 땅을 합친 것보다 넓었다고 한다. 정말 대단하지 않은가. 그의 성공 스토리는, 사람은 자신의 믿음대로 된다는 진리를 깨닫게 해준다.

얼마든지 자신의 노력으로 운명을 바꿀 수 있다

나는 종종 어깨를 구부정하게 움츠리고 걷거나 자신감 없어 하는 사람들을 보곤 한다. 그런 사람들을 보면 정말 안타깝다는 생각이 앞선다. 현재 어떤 생각과 행동을 하느냐에 따라 미래가 결정되기 때문이다. 자신의 인생이 더 나아질 가망이 낮거나 없다고 생각하기 때문에 자신감이나 패기가 없는 것이다. 이런 사람들은 자신의 생각대로 무기력한 인생을 살아가게 된다.

우리는 평소 매 순간 어떤 것에 대해 확언하곤 한다. 긍정의 확언, 부정의 확언, 부자 확언을 넘어, 가난 확언에 이르기까지.

"내 인생은 왜 이럴까?"
"지긋지긋한 가난 정말 질렸다!"
"다 때려치우고 싶다!"
"나는 지지리도 운이 없어!"

이처럼 평소에 가장 많이 하는 확언이 그 사람의 인생을 결정짓는다. 확언대로 삶이 펼쳐지기 때문이다. 가난과 밀접한 부정적인 확언은 가난을 끌어당기는 확언이다. 그런데도 사람들은 습관처럼 이런 확언을 입에 달고 살다시피 한다. 가난한 사람들 대부분의 삶이 나아지지 않고 더 힘들어지는 이유는, 가난에 대한 자신의 확언 때문이다. 자신이 하는 말은 자신의 생각에서 비롯된다. 우리는 말하기 전에 생각하고, 그 생각을 말로 표현한다. 의식 속에 가난이라는 단어가 깊이 각인되어 있다면, 가난과 관련된 말을 하게 되는 것이다. 결과적으로는 우주의 법칙, 끌어당김의 법칙이 작동해 가난해지는 상황을 끌어당기게 된다.

나는 강연을 통해 자주 사람들에게 꿈 실현에 대한 확신, 자기 자신에 대한 믿음을 가져야 한다고 조언한다. 얼마든지 자신의 노력으로 운명을 바꿀 수 있다는 의미다. 과거 20대 때 나는 누구보다도 힘들고 고통스럽게 살았다. 때로 좌절도 하고 절망도 했지만, 이내 정신을 차렸다. 좌절하고 절망해봐야 아무것도 달라지지 않는다는 것을 깨달았기 때문이다. 그리고 나 자신에게 이렇게 말했다.

"세상의 중심은 그 누구도 아닌 나 자신이다. 나는 무엇이든 해낼 수 있다. 나는 반드시 내가 꿈꾸는 인생을 창조하겠다."

좌절하거나 시련에 처할 때마다 나는 세상의 중심은 나 자신이라는 것을 기억했다. 그리고 이 악물고 죽을힘을 다해 노력했다. 그 결과 간절한 꿈이었던 작가가 되었고, 또한 강연가가 될 수 있었다.

힘든 현실을 걷고 있더라도 눈부신 태양을 바라보라

사실 거의 모든 부모가 요즘 세상에는 공부만 잘해선 결코 성공할 수 없다는 것을 잘 알고 있다. 설사 좋은 성적으로 학교를 졸업하고 좋은 기업에 들어가더라도 대부분 45세 이전에 은퇴해야 한다. 그런데도 자식에게 공부를 강요하는 것은, 과거 학창시절에 공부를 제대로 하지 못한 데서 비롯된 자신들의 콤플렉스가 있기 때문이다. 톡 까놓고 이야기하면, 자식들을 통해 대리만족하고 싶은 것이다.

이 지면을 빌려 부모들에게 제발 공부만 잘하면 성공한다는 말을 자식들에게 하지 않기를 바란다. 그 대신 확고한 꿈을 설정해주고, 이후 열심히 공부하면 성공한다고 말해보라. 자신의 꿈을 찾은 10대는 제발 공부하지 말라고 뜯어말려도 공부하게 될 테니까.

과거의 나는 성공하려면 공부를 잘해야 하고, 부자 부모를 두어야 한다고 생각했다. 그러나 지금은 이와 같은 생각이 틀렸다는 걸 잘 알고 있다. 물론 공부를 잘하고 부모가 경제적으로 여유롭다면 좋은 대학에 들어가거나 화려한 스펙을 쌓는 데 유리하다. 하지만 그것만으로는 부족하다. 성공이라는 정상까지 올라가기 위해선 확고한 꿈과 노력, 인내, 그리고 무엇보다 자신이 그런 성공한 인생을 살 수 있다는 믿음을 가져야 한다. 믿음은 성공의 씨앗이기 때문이다.

하루하루가 힘들고 고단하게 느껴지는 사람들이 있다. 나는 그들이 고단한 이유는, 눈부신 미래에 비전을 두기보다 고달픈 현재에 자신의 의식을 맞추기 때문이라고 생각한다. 자신의 꿈이 실현되는 미래를 자주 떠올리면 지금의 힘든 현실은 충분히 극복할 수 있다. 따라서 힘든 현실을 걷더라도 눈부신 태양을 바라봐야 한다. 그래야 자신이 꿈꾸는 인생을 살 수 있다.

누구나 지금보다 더 나아질 수 있고 성공할 수 있다. 물론 그렇게 되기 위해선, 운명은 정해져 있지 않다는 확신을 가져야 한다. 그런 확신을 가질 때 진정한 자기혁명을 실현할 수 있다.

02

성공하고 싶다면
반드시 실천하라

"성공하지 못할 거라는 그릇된 믿음을 버리는 것이
성공을 향한 첫걸음이다."

– 베스트셀러 작가, 앤드루 매슈스(Andrew Matthews)

며칠 전 18세 소녀로부터 다음과 같은 이메일을 받았다. 이메일에는 학업 문제로 많이 힘들어하는 소녀의 고충이 잘 나타나 있었다.

"저는 17세 때 예술고등학교에 진학했다가 자퇴하곤 검정고시를 준비했습니다. 검정고시에 합격해 대학 진학을 준비하겠다는 저의 바람과 달리, 두 번이나 시험에서 떨어지고 나서 아무런 의욕도 없는 백수 생활을 하고 있습니다. 그러다 선생님이 쓰신 책을 읽고 인생을 제대로 의미 있게 살고 싶다는 생각이 들었습니다. 또한, 대학에 가고 싶은 마음도 생겼습니다.

이런 저에게 고민이 있습니다. 저는 예전부터 고등학교에 복학하고 싶었습니다. 하지만 복학한다고 해도 또 다른 걱정거리가 있습니다.

이제 곧 19세인데, 복학하면 저보다 두 살 어린 동생들과 같이 공부하게 됩니다. 과연 제가 잘 적응할 수 있을지도 의문이고, 괜한 시간 낭비가 아닌가 하는 생각도 듭니다.

친구들은 이제 수능을 준비하고 대학에 진학하게 되지만, 저는 고등학교 과정을 다시 밟아야 하므로, 열등감에 또다시 고등학교 생활을 망치는 건 아닌가 하는 걱정도 듭니다. 하지만 지금 이대로 다시 검정고시를 준비한다면, 평범한 고등학교 생활을 하지 못한 것이 평생 후회로 남을 것 같습니다.

어떤 게 더 나은 인생을 위한 현명한 선택일지 조언을 부탁드립니다.”

나는 그 소녀의 이메일을 읽으면서 그녀가 무엇을 원하는지 알 수 있었다. 그녀는 비록 동생들보다 나이가 두 살 많지만, 복학해 그들과 다시 고등학교 생활을 시작하고 싶어 한다는 것이다. 그래서 나는 소녀에게 가슴이 시키는 대로 하라고 조언했다. 함께 공부하는 친구들이 두 살 어리다고 해서 창피하게 여기거나 자존심 상할 이유가 없기 때문이다.

만약 이런 이유로 고등학교 복학을 포기하게 된다면 훗날 이때의 선택을 뼈저리게 후회하게 될 것이다. 나이를 먹으면서 인생은 도전하고 노력한 만큼만 달라진다는 것을 깨닫게 되기 때문이다.

긍정적인 사고는 마음속에 희망을 품게 한다

성공한 사람들은 긍정적인 사고(思考)를 지닌 사람들이다. 그들은 어떤 어려움에 내몰려도 절대 포기나 실패라는 단어를 떠올리지 않았다. 오히려 그런 어려움 속에서도 반드시 희망은 있게 마련이라고 생각하며 극복하려 애썼다. 그들이 성공할 수 있었던 것은, 바위 같은 난관을 뚫는 긍정적인 사고를 가졌기 때문이다.

지금 당신은 척박한 환경 속에서 힘겨워하고 있을지도 모른다. 어쩌면 그래서 서점에서 이 책을 집어 들었을 것이다. 나는 그런 당신에게 힘들수록 자신의 꿈과 성공을 확신하며 용기를 가지고 나아가라고 말하고 싶다. 운명은 정해져 있지 않다. 지금 어떤 처지에 있더라도, 어떤 모습을 하고 있더라도 자신의 노력 여하에 따라 얼마든지 눈부신 인생을 살 수 있다. 살아보니, 그동안 내가 걸어온 발자취를 돌아보니 정말 미래는 자기 하기 나름이다.

성공하는 인생을 살기 위해선 확고한 꿈 설정과 함께 긍정적인 사고를 지녀야 한다. 긍정적인 사고는 마음속에 희망을 품게 하기 때문이다. '난 반드시 할 수 있어', '내가 아니면 누가 하겠어?'라는 긍정적인 생각은 자신감을 갖게 한다. 자신감은 성공을 막는 장애물을 극복하게 해주고 바라는 것을 실현해주는 마법이다.

반면에 부정적인 사고는 어떨까? 성공으로 나아가는 길을 가로막는 장애물 생산 공장이다. 따라서 부정적인 사고를 하면 할수록 힘든 인생을 살 수밖에 없다. 백해무익(百害無益)하다. 부정적인 사고는 충분히 감당할 수 있는 일조차 포기하게 만든다. 부정적인 사고 속에는 실패에 대한 불안과 두려움이 도사리고 있기 때문이다.

'혹시 이번에 실패하면 어쩌지?', '괜히 나섰다가 창피만 당할지 몰라.'

이런 두려움은 부정적인 생각에서 비롯된다. 그래서 더 잘되고 싶고, 더 잘하고 싶다면 반드시 부정적인 생각을 머릿속에서 몰아내야 한다.

어느 유명한 신발 회사에서 아프리카에 판매 사원을 파견해 그곳의 신발 판매 가능성 유무를 조사했다. 처음으로 파견된 판매 사원이 도착해보니 놀랍게도 아프리카 사람들은 아무도 신발을 신지 않은 채 맨발로 생활하고 있었다. 이것을 본 사원은 즉시 본사로 연락을 취했다.

'구두 판매 계획 취소를 부탁드립니다. 이곳 사람들은 모두 신발을 신고 있지 않으며 구두를 판매하는 상점조차 전혀 없기 때문입니다.'

그 후 회사에서는 다른 판매 사원을 그곳에 보냈다. 항상 긍정적으로 사고하는 그는 그곳의 형편을 살핀 후 다음과 같은 전보를 보냈다.

'구두 판매 계획은 반드시 필요하다고 판단됩니다. 이곳 사람들은 아무도 신발을 신고 있지 않기 때문에 얼마든지 신발을 팔 수 있습니다. 구두 상점 또한 얼마든지 세울 수 있다고 생각합니다.'

신발 회사는 고민 끝에 두 번째 판매 사원의 의견을 받아들였다. 그리고 그곳에 신발 공장을 세워 큰 수익을 올릴 수 있었다.

첫 번째 사원은 부정적인 사고를 지닌 사람이었다. 그는 부정적인 사고 때문에 아프리카의 무한한 시장성을 놓치고 말았다. 사람들이 맨발로 다니는 모습에만 초점을 맞춘 나머지, 그 사람들이 신발을 신게 된다면 엄청난 수익을 올릴 수 있다는 점을 간과했던 것이다.

　그러나 두 번째 사원은 달랐다. 긍정적인 사고로 무장한 그는 같은 상황임에도 그곳에 신발 공장을 세우면 큰 수익을 올릴 수 있겠다고 판단했다. 이처럼 똑같은 상황에서도 문제를 어떤 사고로 보느냐에 따라 결과는 엄청나게 달라진다.

지금 현실이 힘들다고 해서 미래마저 힘들라는 법은 없다

　발명왕 토머스 에디슨(Thomas Alva Edison)은 어린 시절부터 '구제 불능', '바보'라는 소리를 들으며 자랐다. 알베르트 아인슈타인(Albert Einstein)의 중학 시절 수학 성적은 낙제점이었다. 농구천재 마이클 조던(Michael Jordan)은 고등학교 때 후보 선수로 전전하다가 결국 팀에서 쫓겨나는 수모를 겪었다. 소설가 알렉스 헤일리(Alex Haley)는 직접 쓴 소설《뿌리》의 원고를 들고 4년 동안이나 출판사를 찾아다녀야 했다. 그런데도 거듭 출판사로부터 거절당한 그는 충격을 받아 자살을 떠올리기까지 했다. 디즈니랜드를 설립한 월트 디즈니(Walt Disney)는 무려 다섯 번이나 파산하는 아픔을 겪었다. 잭 캔필드(Jack Canfield)가 쓴 베스트셀러,《내 영혼의 닭고기 수프》는 무려 서른세 군데의 출판사로부터 퇴짜를 맞아야 했다. 팝의 여왕인 다이애나 로스(Diana Ross)는 9집 앨범을 낼 때까지 단 하나의 히트곡도 없었다. 미국 16대 대통령 에이브러햄 링컨(Abraham Lincoln)은 51세에 대통령이 되기까지 여덟 번의 고배를 마셔야 했다. 7전 8기가 아니라 8전 9기였다.

어느 날 한 기자가 링컨 대통령에게 이렇게 물었다.

"당신의 놀라운 성공과 존경받는 삶의 비결은 무엇입니까?"

그러자 링컨은 다음과 같이 대답했다.

"그것은 너무도 간단합니다. 저는 실패를 많이 경험했기 때문입니다."

에디슨, 알베르트 아인슈타인, 마이클 조던, 알렉스 헤일리, 월트 디즈니, 잭 캔필드, 다이애나 로스, 에이브러햄 링컨. 이들은 누구보다도 많은 좌절과 절망으로 점철된 인생을 살았던 사람들이다. 그러나 지금은 어떤 인물로 기억되고 있을까?

모두 하나같이 꿈을 이룬 성공자들로 사람들의 뇌리에 각인되어 있다. 그들이 성공할 수 있었던 것은, 힘든 과거나 현실이 미래에까지 영향력을 미치지 못하게 했기 때문이다. 쉽게 말해 힘든 처지나 실패에도 좌절하거나 절망하지 않았다는 뜻이다. 오히려 그들은 도전과 노력의 강도를 더함으로써 꿈꾸는 미래를 창조하려 애썼다. 그들은 지금 현실이 힘들다고 해서 미래마저 힘들라는 법은 없다는 걸 잘 알고 있었다.

혹자는 인생살이는 "정말 장난이 아니다"라고 말한다. 인생에는 치열한 경쟁에 예기치 못하는 변수도 많아 자주 깨지고 넘어지기 때문이다. 그러면서도 그래도 인생은 한번 살아볼 만하다는 생각도 든다. 왜 이처럼 모순적인 생각을 하는 걸까? 그 이유는 지금의 힘겨움이 영원히 지속되지 않으리라는 걸 알기 때문이다. 그래서 인생이 주는 고통을 감내하면서도 잘 살고, 성공하기 위해 분투하는 것이다.

인생은 마음먹기에 달렸다. 내가 어떻게 하느냐에 따라 충분히 인생은 달라질 수 있다. 따라서 겉으로 보이는 힘든 환경적 요소에 좌절해선 안 된다. 미래는 나 하기 나름이라는 긍정적인 생각으로 이 순간을 최선을 다해 살아야 한다.

무일푼 빈털터리를
압도적 성공자로 만든 습관

"끊임없이 실패의 위험을 감수하는 사람만이 진짜 예술가다.
밥 덜런과 피카소는 언제나 실패의 위험을 감수했다."

– 애플 창업자, 스티브 잡스(Steve Jobs)

"위대한 사람은 단번에 그와 같이 높은 곳에 뛰어오른 게 아니다.
많은 사람이 밤에 단잠을 잘 적에 그는 일어나서 괴로움을 이기고
일에 몰두했다. 인생은 자고 쉬는 데 있는 것이 아니라
한 걸음 한 걸음 걸어가는 그 속에 있다.
성공의 일순간은 실패했던 몇 년을 보상해 준다."

– 영국 시인, 로버트 브라우닝(Robert Browning)

자신이 바라는 운명을 창조하는 자기혁명은 꿈을 향한 도전에서 시작된다고 할 수 있다. 사람들 중에 지금보다 더 잘되고 싶어 하면서도 도전하지 않는 사람이 있다. 이런 사람은 시간이 지나도 절대 더 나아지지 않는다. 더 나아지기 위한 노력, 즉 도전하지 않기 때문이다.

어떤 일에 도전한다는 말은 제자리에 머물러 있지 않고 앞을 향해 거침없이 나아간다는 뜻이다. 물론 도전에는 실패에 대한 불안이나 두려움, 시련과 역경이 따른다. 그렇다고 해서 도전을 포기해선 안 된다. 도전을 포기하는 순간, 힘든 인생을 살겠다고 선언하는 것과 같기 때문이다.

"여러분이 할 수 있는 가장 큰 모험은 바로 여러분이 꿈꿔오던 삶을 사는 것입니다." 토크쇼의 여왕 오프라 윈프리(Oprah Gail Winfrey)의 말이다. 그녀는 사람마다 꿈꾸는 인생의 모습은 다르지만, 그런 인생의 시작점은 모험, 즉 도전에서 비롯된다고 말했다. 이런 말을 할 수 있는 것은, 실제 그녀 역시 강한 도전 정신으로 인생의 실패자에서 성공자로 거듭난 산증인이기 때문이다.

열 손가락이 없었던 산악인 고 김홍빈 대장. 그는 등반 중의 사고로 열 손가락을 모두 잃었다. 오래전 그가 스키를 타고 해발 7,028m 높이의 고봉인 코스 클록에 도전한다는 기사를 본 적이 있다. 해발 7,000m는 사실 신체적 장애가 없는 산악인들도 쉽게 도전할 수 없는 고지대로 알려져 있다.

그곳에는 빙하의 표면에 깊게 갈라진 틈인 크레바스가 곳곳에 숨어 있는가 하면, 몸이 날릴 정도로 심한 강풍이 불어, 서 있기도 힘들 정도다. 또한, 어느 순간 날씨가 급변하면서 영하 20~30도 이하로 기온이 떨어지기도 한다. 여기에다 고소증이 더해져 정말 인간의 한계를 시험하는 지옥 같은 곳이라고 할 수 있다. 이런 죽음의 고지대를 손가락이 없는 김홍빈 씨가 스키를 타고 정상에 오르기로 결심했던 것이다.

당시 그는 이렇게 말했다.

"꼭 해보고 싶은 등반이었습니다. 해발 7,000m대의 고산에서 손가락이 없는 상태로 어떻게 지낼 수 있나, 또 폴 없이 스키를 타고 등·하산이 가능한가, 늘 궁금했습니다. 이번 등반에서 꼭 방법을 찾아내겠습니다."

과거 그는 산에서 손가락을 잃는 사고를 당했다. 1991년 매킨리 등반 중 해발 5,700m대의 캠프에서 고소증과 탈진 증세로 무의식 상태에 빠졌다가 가까스로 미국 등반대원들에게 구조되었다. 그러나 열흘만에 깨어났을 때는 동상으로 열 손가락이 모두 잘려나간 후였다.

귀국 후 그에게 찾아온 것은 고통스러운 현실이었다. 혼자 힘으로는 먹을 수도, 옷을 입을 수도 없었기 때문이다. 그는 비참한 현실에 몇 번이나 자살을 기도했다. 그런데도 그는 산을 원망하지는 않았다. 오히려 그 반대였다. 그에게 위안이 되고 용기를 준 존재가 바로 산이었기 때문이다.

백수 신세로 지내며 좌절에 빠져 있던 어느 날, 그는 작심하고 산을 올랐다. 그가 힘겹게 산을 오르고 있을 때 한 등산객이 그를 가리키며 "저렇게 장애가 있는 사람도 열심히 살아가지 않느냐?"라고 아들을 격려하는 말을 듣게 되었다. 그런데 그는 기분이 나쁘기보다 오히려 위안이 되었고, 앞으로 어떤 일을 하며 살아야 하는지 깨닫게 되었다. 순간 그는 '앞으로 나는 나처럼 어려운 상황에 놓인 사람들에게 용기를 주는 삶을 살아야겠구나'라고 생각했던 것이다. 그리고 그는 5대륙 최고봉 등정을 계획했다. 과거 가슴에 품었던 8,000m급 14개 거봉 완등의 불가능한 꿈 대신 장애가 있어도 가능한 계획을 세운 것이다. 그는 자신의 계획을 즉각 행동으로 옮겼다. 많은 시련과 역경들이 있었지만, 강한 용기와 도전 정신으로 그것들을 극복해냈다.

그는 2009년 7대륙 최고봉과 히말라야 14좌 완등에 장애인 산악인 최초로 성공했다. 사람들에게 '희망 전도사'라고 불렸던 그는 그 후에도 꿈을 향한 도전을 멈추지 않았었다. 나는 동상으로 열 손가락을 잃은 상태에서도 자신의 꿈을 향해 도전을 포기하지 않았던 김홍빈 씨를 보며 많은 자극을 받았었다. 때로 힘든 일이 닥치거나, 나 자신의 능력이 보잘것없다고 여겨질 때, 극한 상황에서도 포기하지 않았던 그를 떠올리며 용기를 낼 수 있었다.

계속해서 실패하라, 그것이 성공에 이르는 길이다

힘든 상황 속에서도 꿈을 향해 우직하게 나아갈 때 자신이 바라는 운명을 창조할 수 있다.

물론 꿈을 향해 도전한다고 해서 무조건 성공한다는 보장은 없다. 도전하는 과정에 누구나 실패하게 되어 있다. 그래서일까, 성공자들은 유독 실패에 대한 많은 명언을 남겼다. 영화배우 데이비드 켈리(David Kelly)는 "빨리 실패하라. 그러면 더 빨리 성공할 것이다"라는 말을, 영국의 전 총리 윈스턴 처칠(Winston Churchill)은 "성공하려면 실패를 거듭해도 잃지 않는 열정이 있어야 한다"라는 말을 남겼다.

그러나 사람들 대다수는 실패에 직면하는 순간 좌절하거나 포기하고 만다. 스스로 자신의 역량이 거기까지라고 오판하는 것이다. 그러곤 현실과 타협해 쉽고 편한 일을 찾아 나선다. 그 결과 아무런 발전이 없는, 시간이 지날수록 비참해지는 인생으로 전락하게 되는 것이다.

다이슨 사의 회장, 제임스 다이슨(James Dyson)은 "계속해서 실패하라. 그것이 성공에 이르는 길이다"라고 말했다. 그는 지금의 다이슨 사를 있게 한 진공청소기를 개발하기까지 5년 동안 5,127개의 모형을 만들어야 했다. 완성품 이전을 모두 실패로 본다면 5,126번의 실패를 했다고 볼 수도 있다. 아마 보통 사람들 같았으면 중도에 포기했을 것이다. 그러나 실패를 바라보는 그의 패러다임은 보통 사람과는 달랐다.

그는 실패에 대해 이렇게 말했다.

"실패는 발견에 한 발짝씩 다가가는 과정이므로 성공만큼 값지다. 내가 새내기 개발자들에게 계속해서 실패해라, 그것이 성공에 이르는 길이다, 라고 말하는 이유다. 나는 실패를 사랑한다."

자신의 분야에서 일가를 이룬 사람들은 모두 도전을 두려워하거나 실패 앞에서 좌절하지 않은, 끊임없이 노력을 아끼지 않은 사람들이다. 그들을 보면 실패를 즐기는 사람들이 아닐까 하는 생각마저 든다. 사실 그들이 실패를 두려워하지 않기에 실패를 즐긴다는 말은 옳은 표현일 것이다.

어떤 일을 할 때 실패를 두려워하지 않는다면 그 무엇도 장애가 되지 않는다. 실패하더라도 될 때까지 계속 도전할 것이기 때문이다. 세상에서 가장 두렵고 위대한 사람이 바로 도전을 멈추지 않는 사람이다. 이런 사람이 마침내 꿈을 실현하고, 성공하고, 눈부신 운명을 창조하는 법이다.

나는 평소 성공한 사람들의 성공 스토리를 즐겨 읽는다. 그들의 성공 스토리보다 더 드라마틱한 것은 없다고 생각한다. 사실 내가 지금껏 내 일에서 도전 정신과 실패를 실패로 여기지 않는 자세와 더불어 끊임없이 노력을 견지할 수 있는 것 역시 그들의 모습을 보면서 배웠기 때문이다.

잘살거나 성공하기 위해선 노력하는 자세가 전제되어야 한다. 오죽하면 하늘도 노력하는 자를 돕는다는 말까지 생겨났을까. 성공한 사람치고 편하게 놀면서 성공한 사람은 단 한 사람도 없다. 치열한 노력의 과정이 있었기에 성공이라는 과실이 주어진 것이다.

실패를 성장과 성공으로 이끌어라

자동차 판매왕, 조 지라드(Joe Girard)가 있다. 그는 세계 제일의 판매 실적으로 기네스북에까지 이름이 오른 인물이다. 그러나 그도 한때는 판매 실적이 최하위에 머물렀던 적이 있다. 그런 그가 판매왕에 오르게 된 데는 어떤 계기가 있었다.

신입사원 시절 부진한 판매 실적에 의욕이 떨어진 그는 좌절에 빠져 있었다. 그러던 어느 날 그는 머리를 식힐 겸 근처 놀이공원으로 가게 되었다. 그곳에서 그는 '허니문카'를 타며 시간을 보내기 위해 줄을 서서 차례를 기다리고 있었다. 그때 자신 앞에서 어머니에게 떼를 쓰며 울고 있는 한 아이의 모습을 보게 되었다.

어머니는 떼를 쓰며 우는 아이에게 이렇게 말했다.

"얘야, 허니문카는 지난번에도 탔었는데 오늘은 다른 것을 타지 그러니?"

그러나 아이는 막무가내로 울음을 그치지 않았다. 그리고 어떤 일이 있어도 허니문카를 타고 싶다고 고집을 부렸다. 결국, 어머니가 아이의 고집에 손들고 말았다.

아이는 허니문카를 타자 그제야 울음을 그치는 것이었다. 이런 광경을 지켜보고 있던 조 지라드에게 문득 한 가지 생각이 떠올랐다.

'아하, 자동차를 판매하는 일에도 똑같은 이치를 적용할 수 있겠어. 자동차는 대부분 한번 산 사람이 다시 사. 허니문카를 한번 탄 사람이 다시 타듯이 자동차를 산 사람들이 다시 사는 거야.'

그는 그날부터 고객들을 만날 때면 최대한 고객의 입장에서 생각하고 배려했다. 그리고 최선을 다했다. 그렇게 시간이 지나자 놀랍게도 부진하던 판매 실적이 향상되기 시작했다. 그에게서 자동차를 구매한 사람들은 모두 그의 단골이 되었고, 지인들을 소개해주기까지 했다.

그 크기가 어떻든 모든 성공에는 실패라는 과정이 따르게 마련이다. 물론 어떤 사람은 실패 없이 쉽게 성공하기도 한다. 그러나 이런 사람은 자만심에 빠져 얼마 못 가 혹독한 대가를 치르게 된다.

가끔 뉴스나 신문에 고생고생하다 천문학적인 액수의 복권에 당첨된 사람의 이야기가 소개되기도 한다. 그 후 그가 그 돈을 흥청망청 쓰다가 극빈층으로 전락했다는 이야기까지. 쉽게 얻는 것은 그만큼 쉽게 잃어버리게 되어 있다.

실패는 자신의 부족한 점을 깨닫고 안 되는 이유를 찾아내기 위해서 겪는다. 사실 우리는 실패를 통해 다음에는 더 잘할 방법을 찾게 된다. 그리하여 지금껏 기울였던 노력보다 더 강도 높은 노력을 쏟게 된다. 이것이 실패가 따르는 이유다.

당신은 성공하기 위해 태어났다. 나는 여러분이 누구보다 눈부신 인생을 살 거라고 확신한다. 다만 그러기 위해선 앞에서 언급한 세 가지 성공 요소가 필요하다.

① 꿈을 향한 끊임없는 도전 정신
② 실패를 실패로 여기지 않는 자세
③ 치열한 노력

이 세 가지 성공 요소를 갖춘다면 운명은 당신 편이다.

04

더 빨리, 더 많이
실패해야 하는 이유

"성공은 성공 지향적인 사람에게만 온다.
실패는 스스로 실패할 수밖에 없다고 체념해버리는 사람에게 온다."

– 성공학 컨설턴트, 나폴레온 힐(Napoleon Hill)

인류는 숱한 시련과 역경을 통해 지금과 같은 문명을 이룩했다. 처음부터 높은 빌딩 숲과 최첨단 의료기술, 비행기, 열차가 있었던 것은 아니었다. 좀 더 안전하고 편리하게 살고자 하는 갈망에서 끊임없는 혁신이 이루어졌고, 그런 과정을 통해 지금과 같은 현대 문명이 창조되었다.

지금보다 더 나아지기 위해선 반드시 실패라는 시련을 겪게 되어 있다. 실패 속에 문제의 답이 감추어져 있기 때문이다. 그래서 실패를 거듭하는 횟수가 많을수록 더 나아지고 성공할 확률이 높아지게 되어 있다. 그런데 사람들 중에 실패를 두려워하는 사람이 있다. 이는 실패 때문에 현재보다 더 나아지거나 성공하기를 포기하는 것과 같다. 성공하는 사람들은 세상의 어떤 성공도 실패 없이 그냥 이루어지지 않는다는 걸 잘 알고 있다. 그들은 실패를 자신의 능력을 좀 더 갈고닦을 수 있도록 채찍질하는 트레이닝으로 여긴다.

실패가 성공으로 이어진다는 사실은 수많은 사례가 증명하고 있다. 미국의 코미디 배우 잭 레먼(Jack Lemmon)이 있다. 웨이터 등 수많은 고생 끝에 할리우드 스타가 된 사람이기도 하다. 그는 실패 자체보다 실패를 두려워해 아무것도 하지 않는 태도가 사람의 인생을 망친다고 말했다.

미국의 자동차왕 헨리 포드(Henry Ford)도 "실패란 좀 더 나은 방법으로 재도전할 좋은 기회를 준다"라는 말을 남겼다. 실패와 성공은 빛과 그림자처럼 떨어질 수 없는 관계다. 성공이 값지고 아름다운 것은 그것을 이루는 과정에 따르는 실패들 때문이라고 할 수 있다. 물론 그 실패들을 감내하고 계속 나아가기란 쉽지 않은 일이다. 그 때문에 세상에는 성공자들보다 그렇지 않은 사람들이 더 많은 것이다.

실패를 시련으로 여기는 사람들에겐 한 가지 공통점이 있다. 실패를 자신의 한계로 여긴다는 것이다. '나는 도저히 할 수 없어', '나 같은 평범한 사람이 무얼 한다고.' 이렇게 생각하는 순간 정말 한계 속에 갇히게 된다. 스스로 한계를 긋는 '어리석은 벼룩'이 된다. 그 결과 실패를 통해 교훈을 얻고 좀 더 나은 방법을 모색할 기회를 영영 잃어버리고 만다.

그러나 실패를 기회로 여기면 어떨까? 실패가 주는 교훈을 통해 문제의 답을 발견할 수 있다. '아, 이 부분이 잘못되었구나', '내가 너무 쉽게 생각한 게 실패의 원인이야'라는 생각은 일을 더 잘 할 수 있게 할 뿐 아니라 똑같은 실패를 반복하지 않게 해준다. 따라서 실패를 절망이 아닌 성공으로 나아가는 또 다른 기회라고 생각해야 한다.

사람들이 착각하는 성공의 비결

미국에 노숙자였다가 직업훈련을 통해 용접공으로 취업하고, 소속회사 광고 모델로 발탁된 여성이 있다. 그녀의 이름은 베티 조 페인 (Betty Joe Payne)이다. 그녀는 과거 마약·알코올 중독자였다. 배가 고플 때면 하루에 한 끼씩 제공하는 교회의 무료 급식을 통해 해결했고, 잠도 교회에서 자고 아침 6시에 빠져나왔다. 그런 절망 속에 빠져 있던 그녀는 두마스 웨슬리 커뮤니티 센터가 운영하는 노숙인 쉼터에 머물면서 꿈을 가지기 시작했다.

그녀는 이 쉼터에서 머물며 새로운 미래를 위한 계획을 세웠다. 그녀가 꿈을 꾸기 시작하자 가슴도 뛰기 시작했다. 그녀는 자신의 미래를 위해 앨라배마산업개발훈련에서 운영하는 직업교육프로그램에 등록해 용접 기술을 배우기 위해 노력했다.

노숙인 쉼터에서 나온 이후에도 그녀는 장기 노숙인 보호 프로그램으로 숙소를 해결하고 오스탈 USA가 운영하는 직업훈련프로그램에서 용접 기술을 갈고닦았다. 그리고 마침내 이 회사에 정식 용접공으로 입사했고, 광고 모델로도 발탁되는 감격을 누렸다.

이 회사의 업무 최고책임자는 그녀를 채용한 이유에 대해 이렇게 말했다.

"우리는 페인의 인생 스토리 때문에 채용한 것이 아니라 페인이 이룩한 성과들 때문에 채용했다."

그녀가 등장하는 광고는 방산업체 잡지와 미시시피주, 플로리다주, 앨라배마주 등의 광고판에 게재되기도 했다. 인생의 깊은 절망에서 헤어 나와 눈부신 미래를 창조해나가던 그런 페인에게 첫 여성 현장감독이 되고 싶은 열망이 생겼다. 그리고 자신이 그토록 원했던 아파트를 자가로 소유할 수 있었다.

우리는 페인의 성공 스토리를 통해 그 어떤 절망 속에 있더라도 희망을 잃지 않으면 얼마든지 새로운 인생을 창조할 수 있다는 것을 알수 있다. 사실 많은 사람이 힘들게 살아가는 것은 절망이라는 프레임에 갇혀 자신에게 기회를 주지 않기 때문이다. 지금보다 더 잘되고 싶고, 잘살고 싶다면 절망이 아닌 희망의 편에 서야 한다.

실패하지 않는 것이 가장 큰 실패다

제1차 세계대전 당시 발견한 페니실린은 만병통치약으로서 사람들에게 대환영을 받았다. 인류 최대의 발견이라고 하는 이 페니실린 역시 실패의 과정을 통해 탄생했다. 영국의 세균학자 플레밍(Alexander Fleming)은 1928년 포도상구균 계통의 화농균을 배양하다가 우연히 세균 무리가 죽어 있는 배양접시 한 개를 발견하게 되었다. 그리고 이는 배양접시에 곰팡이가 자라면서 세균이 자라지 못한 결과라는, 참담한 사실을 깨닫게 되었다.

그러나 그는 포기하지 않고 650여 종의 곰팡이로 실험을 계속했다. 그 과정에서 페니실륨 속에 속하는 곰팡이가 생산하는 물질이 여러 종류의 세균에 항균 작용을 한다는 것을 알게 되었다. 그는 이 물질에 페니실린이라는 이름을 붙였다.

페니실린은 제2차 세계대전 중 부상자들에게 투여되어 수많은 목숨을 살렸다. 페니실린을 발견하기 전 큰 수술환자의 생존율은 30%에 불과했지만, 페니실린 사용 후 생존율은 80% 이상으로 증가했다. 플레밍은 '기적의 약'으로 불리는 페니실린의 발견 공로로, 1944년 영국 왕실로부터 나이트 작위를 받았다. 그 이듬해 1945년에는 노벨 의학상을 받는 기쁨을 안았다.

종종 한 사람의 인생을 장밋빛으로 변화시켜주는, 번뜩이는 아이디어들은 절망 속에서 얻어지는 경우가 많다. 3M의 포스트잇도, 듀폰의 나일론도, 켈로그의 시리얼도 마찬가지다. 그러니 절대 시련과 역경을 두려워해선 안 된다.

오히려 그런 힘겨운 시간이 성공을 향해 나아가고 있음을 알려주는 신호라고 여겨야 한다. 여기에다 실패 속에 감추어져 있는 교훈을 잊지 않는다면, 시행착오를 줄여 보다 빠르게 성공을 이룰 수 있다. 때로 인생은 여러분에게 한 치 앞도 보이지 않는 동굴과 같은 절망을 안겨주기도 한다. 그렇다고 해서 절대 낙담하거나 절망해선 안 된다. 자신의 분야에서 성공한 사람들은 모두 이런 힘든 시간을 견뎌냈기 때문이다.

당신은 인생이라는 영화의 주인공이다

글을 쓰는 나 역시도 과거 누구보다 절망적인 상황에 놓인 적이 많았다. 가진 돈이 없어 사흘 동안 라면 2개로 버틴 적도 있었다. 버스비를 아끼기 위해 열 정거장이나 되는 거리를 걸어 다니곤 했다. 평일에는 잡지사에서 60만 원의 월급을 받으며 기자로 근무했고, 주말에는 생활비를 벌기 위해 막노동해야 했다.

지금 생각해보면 과거의 내가 가난하게 살아야 했던 이유를 알 수 있다. 나뿐만 아니라 지금 가난으로 고통받는 사람들 대부분이 스펙이 부족해서도, 못나서도 아니다. 자신 안에 있는 지식과 경험과 정보, 어떤 주제에 대한 노하우를 밖으로 끄집어내지 않았기 때문이다. 이들은 그동안 계속 인풋만 해왔고 아웃풋을 하지 않았다. 초등학교 6년, 중고등학교 6년, 대학교 4년까지 총 16년간 계속 머릿속에 지식을 집어넣기만 했다. 사회에 나가서도 자기계발을 한다는 명목으로 계속 인풋만 했다. 그 결과 현대판 노예와 같은 삶을 살아가게 된 것이다.

책을 쓰는 일은 내가 가진 지적 자본들을 밖으로 끄집어내는 일이다. 많은 사람이 글쓰기를 하면서, 책을 쓰면서 내적인 성장을 경험하고 있다. 그동안 자신이 알고 있던 지식과 경험과 정보, 삶의 깨달음을 글로 쓰는 과정에서 화학작용이 일어나는 것이다. 그럼으로써 새로운 앎과 지혜를 얻는 것은 물론, 내면이 단단해짐을 느끼게 된다. 그리고 내면에 자리하고 있던, 어떤 일에서 받은 상처가 치유되기도 한다.

이제 책은 성공하고자 하는 사람들, 경제적 독립을 원하는 사람들이라면 무조건 써야 하는 성공 수단이 되었다. 사람들은 대부분 어느 정도 성공하거나 지위에 오르면 책을 쓰고 싶어 한다. 자신의 이야기를 세상에 드러내고 싶은 것이다. 그러나 꼭 성공하지 않아도 지금 자신의 지식과 경험, 정보, 삶의 깨달음을 담아 책을 쓸 수 있다. 책을 쓰면 성공으로 가는 계단이 나타나게 되고, 자신이 모르는 방식으로 기회가 찾아온다.

나는 아무것도 내세울 게 없었던 시절에도 책을 썼다. 인생에서 가장 비참했던 순간에도 책을 썼다. 여자친구와 헤어졌을 때도 책을 썼고, 믿었던 친구에게 배신당했을 때도 책을 썼다. 28세 때 아버지가 음독해 세상을 떠나셨을 때도 책을 썼고, 수천 번 자살을 떠올렸던 그 힘든 순간들에도 책을 썼다. 그 결과 지금은 초·중·고등학교 교과서 16권에 글이 실려 있는 작가가 되었고, 우리나라에서 가장 많은 책을 쓴 젊은 작가가 되었다. 평생 책을 써보지 않은 1,200명의 평범한 사람들을 단기간에 작가로 양성하기도 했다. 또한, 내 분야에서 최초로 특허를 가진 글쓰기, 책 쓰기 코치가 되었다. 책은 나에게 많은 기회를 가져다주었다. 어린 시절 고향에서 가장 가난했던 부모님을 두었던 내가 지금은 자수성가 부자가 되었다.

세상을 살면서 단 한 번도 절망을 경험해보지 않은 사람은 없다. 모든 사람은 나름대로 크고 작은 어려움을 겪게 마련이다. 그러나 당신이 기억해야 할 것은, 신은 절대로 당신이 감당하지 못할 시련은 주시지 않는다는 것이다. 이 말은, 시련과 역경은 피하지 않고 맞서 싸운다면 충분히 극복할 수 있다는 뜻이다.

당신은 인생이라는 영화의 주인공이다. 때로 시련과 역경이 닥치더라도 긍정적인 사고로 이겨내야 한다. 당신이 절망이 아닌 희망의 편에 설 때, 인생은 당신에게 깜짝 놀랄 만한 기회들을 안겨줄 것이다.

05

부자가 되려면
먼저 '이것'부터 하라

"자기 꿈을 향해 자신감을 가지고 나아가면,
예기치 않은 때 성공과 마주친다. 자신의 꿈을 황금과 은으로
해석하는 것보다 더 낮은 수준으로 몰락할 수 있는 인간은 아무도 없다."

– 미국인 작가, 칼릴 지브란(Kahlil Gibran)

성공한 사람들에게는 두 가지 공통점이 있다. 자신이 이루고자 하는 꿈을 향해 쉬지 않고 도전한다는 것과 롤모델을 정하고 그를 좇아 정진한다는 것이다. 롤모델은 '자신이 마땅히 해야 할 직책이나 임무 따위의 본보기가 되는 대상이나 모범'을 말한다.

롤모델이 있는 사람은 그 사람처럼 되기 위해 그가 걸어왔던 과정을 그대로 답습하게 된다. 그래서 롤모델이 있는 사람과 없는 사람은 시간이 지날수록 그 간극이 하늘과 땅 차이로 벌어지게 되는 것이다. 롤모델은 자신이 원하는 것을 가장 쉽고 빠르게 실현해주는 시크릿 같은 존재다. 그래서 성공하고 싶다면 먼저 롤모델을 정해야 한다.

롤모델이 있으면 이미 절반은 성공한거나 다름없다. 왜냐하면 롤모델을 통해 인생의 목적과 성취 동기뿐만 아니라, 아니라 자신의 꿈을

향해 나아가는 길을 발견할 수 있기 때문이다. 그리고 자신이 왜 꿈을 가지고 최선을 다해 살아야 하는지, 답을 찾을 수 있기 때문이다.

골프 황제 타이거 우즈(Tiger Woods). 그가 세계적인 프로 골퍼가 된 데는 롤모델이었던 아버지 얼 우즈(Earl Woods)가 한몫했다. 타이거 우즈는 자신의 홈페이지에 다음과 같은 글을 올렸다.

"아버지는 나의 가장 친한 친구이자 가장 우즈에게 훌륭한 롤모델이었다. 아버지가 아주 그리울 것이다. 아버지가 자신의 삶에서 이룩한 위대한 일들을 생각하면 깊은 감명을 받는다. 당신은 훌륭한 아버지이자 코치였고, 멘토이자 친구였다. 당신이 없었다면 오늘의 나는 없었을 것이다."

우즈의 고백처럼 그의 아버지 얼 우즈 역시 훌륭한 롤모델이자 멘토였다. 그는 누구보다 일찍 아들의 재능을 찾아 방향성과 비전을 제시해주었다.

얼 우즈는 이렇게 말했다.

"나는 타이거 우즈가 원치 않는 것을 강요한 적이 한 번도 없다. 스스로 필요성을 느끼고, 자발적으로 필요한 것을 하도록 하는 것이 중요하다. 꿈을 이룰 수 있도록 방향성과 비전을 제시하는 것이 내 역할이다."

보통 롤모델이라고 하면 왠지 모르게 어렵게 여겨지고 거리감이 느껴진다. 왜냐하면 롤모델은 이미 성공한 인물이지만, 자신은 아직 아무것도 아닌 존재이기 때문이다. 그러나 타이거 우즈와 얼 우즈는 누구보다 친밀한 관계였다. 청소년 시절 타이거 우즈가 대회에 참가할 때면, 얼은 멀리 떨어진 곳에 캠프를 치고 간이식 의자에 앉아 워크맨으로 재즈 음악을 들으면서 시가를 피우곤 했다. 그 정도로 스스럼없는 사이였다.

얼 우즈가 쓴 《타이거 우즈》라는 책에서 타이거 우즈는 "아버지와 골프 연습을 하는 것은 항상 재미있었다"라고 밝혔다. 누구보다 훌륭한 롤모델을 둔 그가 성공한 것은 어쩌면 당연한 일이 아니었을까, 하는 생각이 든다.

롤모델을 정해서 그대로 따라 해보라

한 후배가 있다. 그가 고등학교 3학년 때 그의 어머니가 한 유명 배낭 여행가가 쓴 책을 사다 주셨다. 그는 그 책에 자극받아 이스라엘로 배낭여행을 떠났다. 그 결과 그는 학교를 졸업한 후 취직하고 결혼하는, 틀에 박힌 공식에서 벗어나 자유롭게 살게 되었다. 그는 일 년에 한 번씩 휴가를 내어 한비야처럼 해외로 배낭여행을 다니는가 하면, 국제구호단체를 후원하면서 의미 있는 일을 하고 있다.

성공자들은 "롤모델을 정해서 그대로 따라 하라"라고 조언한다. 롤모델을 따라 하다 보면 혼자 맨땅에 헤딩할 때보다 시행착오를 줄일 수 있다. 따라서 롤모델 없이 혼자서 전전긍긍하기보다 쉽고 빠르게 꿈을 실현할 수 있다. 롤모델을 닮기 위해 노력하다 보면, 자신도 모르게 어느새 그 사람처럼 변해 있는 자신의 모습을 보게 된다. 이를 '피그말리온 효과'라고 한다. 피그말리온 효과는 타인의 기대나 관심으로 인해 성과가 오르거나 결과가 좋아지는 현상을 말한다. 즉, 누군가에 대한 사람들의 믿음이나 기대가 그 대상에게 영향을 미쳐 그대로 실현되는 현상을 뜻한다. 만약 우리가 상대방에 대해 긍정적으로 기대하면 상대방은 그 기대에 부응하기 위해 노력하게 된다. 그리고 결국은 기대를 충족하는 결과를 얻게 되는 것이다.

피그말리온 효과는 어디에서 유래된 걸까? 피그말리온 효과의 '피그말리온'이라는 명칭은 그리스 신화에 나오는 조각가 피그말리온의 이름에서 유래한 심리학 용어다. 피그말리온 효과를 자세히 알기 위해선 먼저 피그말리온에 관련된 신화부터 알 필요가 있다. 그리스 신화에 등장하는 키프로스의 왕 피그말리온은 여성들의 결점을 너무 많이 알고 있었던 탓에 여성을 혐오했다. 그래서 그는 결혼하지 않고 한평생 독신으로 살기로 했다. 그러나 외로움과 여성을 그리워하는 마음이 그를 괴롭혔다. 그는 자신의 이상에 맞는, 아무런 결점이 없는 완벽하고 아름다운 여인을 조각해 함께 지내기로 마음먹는다. 그는 자신이 만든 조각상에 옷을 입히고, 목걸이를 걸어주고, 매일 어루만지고, 보듬어주었다. 마치 자신의 아내인 것처럼 온갖 정성을 다해 대했다.

어느 날 아프로디테 제전에서 일을 마친 피그말리온은 신들에게 자신의 조각상과 같은 여인을 아내로 맞이하도록 해 달라고 간절히 기도를 올렸다. 그의 기도에 감동한 아프로디테 여신은 피그말리온의 사랑을 이루어주려고 조각상을 사람으로 환생시켜 주었다. 이 이야기에서 간절히 바라면 이루어진다는 피그말리온 효과가 유래했다.

지금보다 더 나은 삶을 살고 싶다면
당장 롤모델을 설정하라

1968년 하버드 대학교 사회심리학과 교수였던 로버트 로젠탈 (Robert Rosenthal) 교수의 실험사례다. 로젠탈 교수는 미국에서 20년 이상 초등학교 교장을 지낸 레노어 제이콥슨(Lenore Jacobson)과 함께 한 가지 실험을 진행했다.

그들은 먼저 미국 샌프란시스코의 한 초등학교에 다니는 전교생을 대상으로 지능검사를 했다. 그리고 지능검사 결과와 상관없이 무작위로 한 반에서 20% 정도의 학생을 뽑았다. 그 학생들의 명단을 교사에게 주면서 그들이 '지적 능력이나 학업성취의 향상 가능성이 큰 학생들'이라고 믿게 했다. 그리고 로젠탈 교수와 제이콥슨은 8개월 후 다시 이전과 같은 지능검사를 했다. 과연 어떤 결과가 나왔을까?

정말 놀랍게도 8개월 전 명단에서 뽑은 20% 정도의 학생들이 나머지 80%의 학생들보다 점수가 높게 나왔다. 또한, 학교 성적도 크게 향상되었다. 즉, 명단에 오른 학생들에 대한 교사의 기대와 격려가 중요한 요인으로 작용한 것이다. 결과적으로 이 연구는 교사가 학생에게 거는 기대가 실제로 학생의 성적 향상에 큰 영향을 미친다는 것을 입증한 사례로 잘 알려져 있다.

성공적인 인생을 살고 싶다면 먼저 롤모델을 정해야 한다. 이때 평범한 사람보다 온갖 어려움을 극복하고 자신의 꿈을 실현한 사람이 좋다. 그런 사람을 보면 '나도 저 사람처럼 되고 싶다', '나도 저렇게 성공하고 싶다'라는 강한 의욕이 생겨난다. 그러면서 자신도 그 사람이

했던 것처럼 성공을 위해 치열하게 노력하게 된다.

　롤모델은 성공을 꿈꾸는 사람이라면 반드시 지녀야 할 꿈 지도와 같다. 롤모델이 있다면 당신이 가고자 하는 목적지까지 좀 더 수월하고 빠르게 갈 수 있다. 혼자 노력할 때 겪게 될 시행착오를 줄일 수 있기 때문이다. 지금보다 더 나은 삶을 살고 싶다면 당장 롤모델을 설정하라. 그리고 그가 거쳐 온 과정을 통해 어떻게 꿈을 실현할 수 있었는지 살펴보라. 그의 성공비결을 자신의 것으로 만들어야 한다. 이제 남은 것은 고_군_분_투하는 일 뿐이다.

　그가 해냈다면 당신 역시 해낼 수 있다.

GETTING
BETTER

GETTING
BETTER

Part 2

부자가 되기 위해
악착같이 가져야 할 것

욕망

01

정말 늦었다고 생각할 때
당장 해야 할 일

나는 내가 찾는 길을 발견했다.

앞으로 나아갈 수 있는 결단력을 끌어내는 길도 알았다.

그리고 마음으로 몸에 기적을 일으킬 수 있음도 배웠다.

바로 이렇게 말하면 된다. "난 할 수 있어. 난 정말 해낼 수 있어."

— 스웨덴의 발명가, 욘 에릭슨(Jon Ericsson)

아름다운 꽃도 하루아침에 피어나지 않는다. 거친 땅을 뚫고 올라와 줄기를 말아 올리기까지 숱한 시련을 견뎌내야 한다. 멋있는 집도 하루아침에 지을 수 없다. 먼저 건축 설계도면을 그려야 하고, 그 설계도면에 맞게 벽돌공이 한 장, 한 장 벽돌을 쌓아 올리는 정성을 기울여야 한다. 이런 과정을 거쳐 멋있는 집이 완성된다.

당신이 이루고자 하는 꿈도 마찬가지다. 사람에 따라 거창한 꿈도 있을 것이고, 작고 소박한 꿈도 있을 것이다. 중요한 것은 꿈이 생겼다고 해서 하루아침에 이루어지지 않는다는 것이다. 꿈을 실현하기 위해선 가장 먼저 목표와 계획을 세워야 한다. 그리고 목숨 거는 노력이 필요하다. 그 과정에 감당하기 힘든 시련들을 겪어야 할지도 모른다. 그 모든 걸 포기하지 않는다면 결국 꿈은 현실이 될 것이다.

사람들 가운데 꿈과 목표를 혼동하는 사람들이 있다. 그래서 대학이나 기업체 등에서 강연할 때면 사람들에게 꿈과 목표의 차이에 관해 물어보곤 한다. 성공하기 위해선 먼저 꿈과 목표에 대한 개념부터 알 필요가 있기 때문이다. 꿈은 목숨 걸고 하고 싶은 일, 이루고 싶은 목표를 뜻한다. 과거의 나는 작가의 꿈을 가졌고 7년 만에 그 꿈을 이루었다. 목표는 꿈을 이루기 위한 세부적인 계획 정도로 생각하면 이해가 쉬울 것이다. 나는 작가라는 꿈을 실현하기 위해 매일 치열하게 글을 썼다. 비가 오나, 눈이 내리나, 기분이 좋든, 나쁘든 글을 썼다. 그런 지독한 노력 끝에 내 이름 석 자가 들어간 책을 펴낼 수 있었다.

　세상에는 성공한 사람들보다 그렇지 못한 사람들이 더 많다. 나는 그 이유로 인생의 목적을 깨닫지 못했기 때문이라고 생각한다. 그러다 보니 많은 사람이 목숨 걸고 이루고 싶은 진짜 꿈을 좇기보다 다른 사람의 성공을 보며 비슷한 꿈을 가진다. 남의 성공을 좇는다는 것은 자신의 인생을 낭비한다는 말과 같다. 성공한 사람들은 자신의 꿈에만 집중했다. 때로 힘든 일이 있더라도 그 과정에서 깨달음을 얻으면서 이겨냈다. 그들은 타인이 아닌 나의 삶에 집중할 때 결국 바라는 것을 성취하게 된다는 것을 알고 있다.

　예전에 나는 대구에 있는 한 고등학교에서 '꿈'과 '진로'에 관한 특강을 진행했다. 이날 나는 학생들에게 꿈에 대한 질문을 던졌다. 그런데 대부분이 진짜 꿈이 아닌 가짜 꿈을 품고 있다는 것을 알 수 있었다. 한 학생은 의사가 되고 싶다는 친한 친구의 말에 깊이 생각도 하지 않고 자신도 의사가 되겠다는 꿈을 정했는가 하면, 또 다른 학생은 TV

에 나오는 연예인들이 멋있다는 이유로 자신도 연예인이 되기로 결심했다고 답했다. 그런데 안타깝게도 이들의 꿈이 실현될 가능성은 제로에 가깝다. 왜냐고? 진짜 꿈이 아닌 가짜 꿈이기 때문이다.

간절히 원하는 그 모습으로 살아라

소프라노 목소리를 지닌 한 소년이 있었다. 소년은 '난 꼭 가수가 될 거야. 사람들이 내 노래를 들으며 행복했으면 좋겠어'라고 생각하고, 음악학원에 다니며 열심히 노래를 배웠다. 자신의 꿈을 이루기 위한 노력이었기에 소년은 힘들기보다 하루하루가 즐거웠다.

가족 모임이 있는 어느 날이었다. 친척들은 소년에게 노래 한 곡을 청했다. 소년은 잠시 머뭇거리다 앞으로 나갔다.

'여기 모인 사람들에게 내 노래 실력을 보여주겠어.'

잠시 후 소년은 노래를 부르기 시작했다. 그러나 아직 변성기가 지나지 않았던 탓에 그의 목소리는 이내 쉰 데다 갈라져 나오고 말았다. 그 순간 소년은 너무 창피해서 얼굴을 들 수 없었다. 쥐구멍에라도 숨고 싶은 심정이었다.

여기저기서 소년을 향한 웃음소리가 끊이지 않았다. 이내 집 안은 웃음바다가 되어버렸다. 친척들이 모두 가고 난 후 소년은 한참이나 고민에 빠졌다.

'내 노력 실력이 부족한 것일까. 아니면 나에게 음악적 재능이 없는 것일까.'

그러나 이내 고민을 멈추고 거울을 보며 빙그레 웃음을 지었다. 그에게 자신이 진정으로 되고 싶은 꿈이 떠올랐기 때문이다.

'아, 내게 음악적 재능보다 사람을 웃게 만드는 재능이 있구나.'

소년은 가수의 꿈을 버리고 코미디언이 되기로 마음먹었다. 그리고 지독한 노력 끝에 훗날 자신이 꿈꾸던 코미디언이 되었다.

이 소년이 바로 '미국 코미디의 황제' 밥 호프(Bob Hope)다. 밥 호프가 자신의 꿈을 실현할 수 있었던 것은 가슴에 품었던 코미디언이라는 꿈이 '진짜 꿈'이었기 때문이다. 진짜 꿈은 그 어떤 힘든 일이 닥치더라도 그 꿈을 향해 나아가게 하는 힘이 있다. 그래서 절대 중도에 포기하는 법이 없다. 만약에 그가 코미디언이 아닌 다른 꿈, 즉 가짜 꿈을 가졌었다고 가정해보라. 분명 그는 중도에 좌절하거나 포기하고 말았을 것이다. 가짜 꿈은 시간이 지날수록 미래에 대한 확신보다는 불안과 의심이 들게 만드니까.

다음을 보면 여덟 명의 인물과 함께 그들의 진짜 꿈과 가짜 꿈이 나열되어 있다.

	진짜 꿈	가짜 꿈
김연아	국가대표 피겨선수	탤런트
유재석	개그맨	운동선수
스티브 잡스	컴퓨터 개발	교사
정주영	기업가	변호사
짐 캐리	영화배우	회계사
진보라	재즈 피아니스트	교수
김태광	작가	기업가
김태희	탤런트	유치원 선생님

어린 시절, 김연아가 국가대표라는 꿈보다 탤런트라는 꿈을 설정했다고 생각해보라. 지금쯤 그녀는 어떤 삶을 살고 있을까? 분명한 건 그녀가 지금과 같은 성공적인 삶을 살고 있지는 못하리라는 것이다. 김연아에게 국가대표 피겨선수는 꼭 실현하고 싶은 진짜 꿈이었다. 그래서 그녀는 수천 번의 엉덩방아를 찧으면서도 피겨 훈련을 포기하지 않았고, 마침내 자신의 꿈을 이룰 수 있었다.

유재석, 스티브 잡스도 마찬가지다. 유재석이 개그맨이 아닌 의사라는 꿈을 가졌다고 생각해보자. 학창시절 그는 공부를 소홀히 했을지 모른다. 의사라는 가짜 꿈이 그의 심장을 뛰게 하지 않았을 테니까. 그러니 당연히 열심히 공부하지 않았을 것이고, 결국 그는 의대에 진학하지 못했을 것이다.

스티브 잡스가 리드대학을 한 한기만 다니고 자퇴했던 것은 진짜 꿈을 찾았기 때문이다. 그는 우주를 놀라게 할 만한 대단한 제품을 만들겠다는 확고한 꿈을 가지고 있었다. 그리고 자신의 꿈을 실현하기 위해 고군분투했고, 그 결과 아이팟, 아이폰, 아이패드 등의 혁신적인 제품들을 세상에 내놓을 수 있었다.

가짜 꿈을 버리고 진짜 꿈을 가져라

왜 극히 소수의 사람들만 세상에서 성공하는 인생을 살아가는 것일까? 왜 꿈을 이룬 사람들, 부와 풍요 속에 사는 사람들은 찾아보기 힘든 것일까? 진짜 꿈이 아닌 가짜 꿈을 좇았기 때문이다. 정말 성공하고 싶다면 가짜 꿈을 버리고 진짜 꿈을 가져야 한다. 진짜 꿈은 당신의 심장을 뛰게 하고 피를 끓게 한다. 장애물을 피하기보다 오히려 그것을 디딤돌로 활용하게 한다.

인생에는 절대 공짜가 없다. 무언가를 얻기 위해선 거기에 합당한 대가를 치러야 한다. 꿈을 이루는 것, 자신이 바라는 삶을 사는 것도 마찬가지다. 턱까지 숨이 차오르는 고통을 이겨내는 사람만이 산 정상을 밟듯이, 온갖 시련과 역경을 견뎌냈을 때만 꿈을 실현할 수 있다. 나는 당신의 꿈이 무엇인지 알지 못한다. 그러나 그 꿈이 진짜 꿈이라면 지금 처해 있는 상황에 상관없이 반드시 이루어질 것이다. 꿈을 이루기 위해 자신의 모든 것을 바쳐 행동할 것이기 때문이다. 훗날 꿈을 이루고 나면 알게 될 것이다. 꿈을 이뤄나가는 과정에서 값진 인생의 지혜와 깨달음을 얻었다는 것을. 그리고 과거와 비교해 자신이 참 아주 단단해졌고 성장했음을 알게 될 것이다.

02

부자가 되기 위해
악착같이 가져야 할 것

"성공한 모든 사람은 가슴속에 큰 꿈을 품은 사람들이었으며,
그들은 항상 더 나은 미래를 상상하고 모든 방법을 동원해,
자신의 이상 실현에 철저히 매달린 사람들이다."

– 성공 컨설턴트, 브라이언 트레이시(Brian Tracy)

과거에 나는 열심히 살면 남들보다 더 잘살 줄 알았다. 책을 많이 읽으면 성장한다는 말에 한 달에 30권씩 읽었다. 책에 적혀 있는 대로 해보기도 했다. 그런데 시간이 흘러도 내 인생은 나아지기는커녕 오히려 더욱 나빠졌다. 매일 라면만 먹으면서도 내일은 좀 더 나아지겠지, 하는 기대감으로 버텼는데 더 힘들어지니 인생에 속은 느낌이었다. 그때 나는 무조건 열심히 산다고 해서 잘살거나 성공하는 것이 아님을 깨달았다.

어느 날 문득 '열심히 사는데도 왜 내 형편은 나아지지 않을까?' 하는 의문이 들었다. 그러곤 의문에 대한 답을 찾는 데만 골몰했다. 그때 거리를 분주하게 오가는 퀵서비스, 택배기사, 택시기사, 버스 기사, 집배원의 모습이 보였다. 그들은 하나같이 점심 먹을 시간도 없이 일

에 매달리고 있었다. 그런데 그들 가운데 그 누구의 표정도 밝아 보이지 않았다. 사실 그들은 그 어떤 분야의 사람들보다 고강도의 업무를 처리하고 있다. 그리고 누구보다 치열하게 사는 사람들이다. 그런데도 그들 가운데 누구로부터도 "열심히 일했더니 이제 여유롭게 살게 되었다"라는 말을 들어본 적이 없다. 오히려 그 반대다. 그들은 하나같이 힘든 노동으로 인한 질병을 달고 산다. 어떤 사람은 예민하고 화가 난 듯한 표정을 짓고 있어 말도 붙이기 힘들 정도다.

나는 1,000명의 성공한 사람들을 연구한 끝에 '노력'만으로는 절대 성공할 수 없다는 것을 알게 되었다. 중요한 한 가지가 빠진 것이다. 그 한 가지는 바로 '꿈 설정'이다. 자신이 이루고자 하는 꿈을 설정한 후에 치열한 노력을 기울여야만 상황이 개선되기 시작한다. 꿈을 이루기 위해 노력하는 것과 그냥 노력하는 것에는 분명한 차이가 있다. 꿈을 이루기 위해 하는 노력은 생산적인 노력이지만, 그냥 열심히만 살다 보면, 한 달 벌어 한 달 먹고 사는 직장인 신세에 지나지 않게 된다.

지겹도록 실패할 때 이렇게 결심하라

성공한 사람들은 그저 열심히 해서, 운이 좋아서 성공한 것이 아니다. 물론 그들은 사람들에게 자신의 성공비결에 대해 이야기할 때 "그저 운이 좋았을 뿐입니다"라고 겸손하게 말한다. 하지만 그것은 그저 말 그대로 겸손일 뿐이다. 곧이곧대로 받아들여선 안 된다는 말이다. 그들의 성공은 확고한 꿈에서 시작되었다. 그리고 그들은 하늘이 감동할 정도로 성공을 이루려 고군분투했다. 어떤 어려움이 닥쳐도 꿈을 포기하지 않았다. 때론 시련과 역경으로 인한 절망의 시간도 가졌지만, 꿈이 실현된 모습을 상상하면서 버틸 수 있었다. 그런 치열한 과정이 있었기에 "그저 운이 좋았습니다"라는 말을 할 수 있을 만큼 큰 성공을 일궈낸 것이다.

세계적인 비즈니스 컨설턴트, 전문 연설가, 베스트셀러 작가인 브라이언 트레이시(Brian Tracy)는 과거 누구보다도 비참하게 살았다. 어려운 가정환경에, 고등학교 중퇴자 신세에 지나지 않았던 그는 접시닦이, 벌목공, 주유소 주유원, 화물선 잡역부 등을 전전하며, 낡은 중고차를 보금자리 삼아 추운 겨울을 보내기도 했다.

그러던 그가 세일즈를 시작한 후 꿈과 목표를 설정하면서 인생이 달라지기 시작했다. 그는 A4 용지에 자신조차 믿을 수 없는 꿈과 목표를 적었다. 처음에 그가 적었던 목표는 방문 판매를 통해 매달 1,000달러를 번다는 것이었다. 물론 30일 후 거짓말처럼 그의 인생은 송두리째 뒤바뀌었다. 판매 실적을 비약적으로 높인 실력을 인정받아 매달 1,000달러의 월급을 받고 판매사원들을 교육하게 된 것이었다. 그 후로도 그는 꾸준히 '세계적인 성공 컨설턴트', '베스트셀러 작가', '동기부여가', '회사 설립' 등과 같은 꿈과 목표를 종이에 적었다. 때론 실패를 경험하기도 했지만, 그는 그때마다 자리에 앉아 구체적인 실천 방안을 모색하곤 했다. 이렇게 해서 세계적인 '브라이언 트레이시 목표 설정 기법'이 탄생하게 되었다. 전 세계 수많은 경영인과 성공을 꿈꾸는 많은 사람이 그런 그의 '성공학'에 열광해왔다. 그는 평범한 사람들은 절대 상상할 수 없는 자신의 실패 경험을 분석해 성공 공식으로 정립했다. 한마디로 그의 인생 자체가 인생역전 드라마이자 성공학 교재인

셈이다.

브라이언 트레이시는 성공과 실패에 대해 이렇게 말했다.

"성공도 우연이 아니고, 실패도 우연이 아니다. 성공하는 사람은 성공에 이르는 일을 하는 사람이고, 실패하는 사람은 그런 일을 하는 데 실패한 사람이다.

인생의 악순환을 끊어내는 법

연목구어(緣木求魚)라는 고사성어가 있다. 나무에 올라 물고기를 구한다는 뜻으로, 잘못된 방향을 바로잡기를 기대하는 한자어다. 물고기를 잡으려면 강이나 바다로 가야 한다. 나무 위에선 아무리 실력 좋은 어부라고 해도 물고기를 잡을 수 없다. 따라서 성공하려면 성공에 이르는 일을 해야 한다. 먼저 명확한 꿈을 설정한 후 그것을 실현하기 위해 사력을 다한 도전과 노력, 노력과 도전의 과정이 수반되어야 한다. 그러지 않고서 성공하고 잘살기를 바란다면 연목구어하는 어리석은 사람에 지나지 않는다.

미국뿐만 아니라 전 세계적으로 유명한 변화 심리학의 최고 권위자이자 세계적인 베스트셀러 《네 안에 잠든 거인을 깨워라》의 저자 앤서니 라빈스(Anthony Robbins). 그는 대통령과 왕족, 일류 스포츠 스타와 기업체 회장들을 개인적으로 지도했으며, 많은 사람이 수천 달러에 달하는 비용을 감수하며 그의 주말 세미나에 참석한다. 그의 세미나 '네 안에 잠든 거인을 깨워라'는 개인용 제트헬기를 타고 자신의 세미나 장으로 향하는 앤서니 라빈스의 모습에서 시작된다.

그렇지만 그는 과거 빌딩 청소를 하던, 아무런 존재감도 없는 사람이었다. 가난한 탓에 대학교에 진학하지 못한 흙수저, 무스펙이었다. 고층 빌딩에서 악취가 진동하는 작업복을 입고 온종일 걸레질을 해야 했다. 당시 그는 캘리포니아에 있는 열 평 남짓한 독신자 아파트에서 살았다. 그에게는 아무런 꿈도, 희망도 없었다. 게다가 비만에다 가난하고 못 배운 그는 자신에게 사랑은 '사치'라고 여기며 절망했다. 그는 퇴근 후 누구도 만나지 않은 채 방 안에만 틀어박혀 슬픈 음악을 들으며 시간을 보냈다.

어느 날 그는 '어떻게 해야 지금보다 나은 인생을 살 수 있을까?'라는 의문을 가지게 되었다. 생각에 생각을 거듭한 끝에 그는 마침내 자신이 지금처럼 비참하게 사는 것은 이루고 싶은 꿈이 없기 때문임을 깨달았다. 그뿐만 아니라 그는 자신이 실패하는 인생을 살 수밖에 없었던 이유 역시 찾을 수 있었다. 그동안 자신이 인생을 더 힘들게 만드는 부정적인 생각과 말을 습관적으로 했다는 것을 알게 된 것이다. 그동안 그는 하고 싶은 일이 있어도 도전 앞에서 주저하다가 포기하곤 했었다. 그런 일들이 반복되면서 자신의 내면에 잠들어 있는 잠재력을 깨닫지도 못한 채 극빈자의 삶을 살게 된 것이다. 그는 이런 깨달음을 얻은 후 자신이 원하는 꿈을 설정했다. 그러곤 그 꿈을 실현하기 위해 치열하게 살았다. 그렇게 얼마 지나지 않아 그는 비참한 인생에서 전 세계인들이 부러워하는 인생역전을 이루게 되었다.

그는 자신이 진정으로 꿈꾸던 삶을 누리고 있다는 사실을 깨닫게 된 날을 다음과 같이 회상했다.

"내가 진정으로 꿈꾸던 삶을 누리고 있다는 사실을 깨닫게 된 날을 나는 결코 잊을 수 없다. 어느 날 로스앤젤레스에서 회의를 마친 나는 자가용 헬리콥터를 타고 세미나가 열릴 오렌지카운티를 향해 날아가고 있었다. 헬리콥터가 글렌데일시 상공을 지나갈 때 문득 눈에 익은 대형 빌딩이 보였다. 나는 잠시 동안 그 건물 위를 선회하도록 했다. 헬기에서 내려다보니 그 건물은 불과 12년 전에 내가 청소부로 일했던 바로 그 빌딩이었다!

그 시절 나는 출근하는 30분 동안만이라도 출퇴근용으로 타고 다니던 1960년형 고물 폴크스바겐 자동차가 고장나지 않게 해달라고 빌었었다. 나는 어떻게 살아남느냐 하는 문제에서 벗어날 수 없었다. 그만큼 하루하루 사는 게 두렵고 힘들었다.

그러나 지금의 나는 자가용 헬리콥터로 그 건물 위를 날고 있지 않은가! 그 시절에도 나는 꿈을 가지고 있었지만 실현될 가능성은 없어 보였다. 하지만 돌이켜보면 과거 내가 경험한 모든 실패와 좌절이 한 차원 다른 삶을 살고 있는 지금의 나를 있게 해준 지혜의 기초가 되었다."

목표도 세우지 않고 성공하고 싶다고?

미국의 예일대에서 학생들을 대상으로 '당신은 10년 뒤 무엇을 하고 있을 것 같습니까?'라는 설문 조사를 진행했다. 조사 결과 97%는 그냥 막연하게 "잘살고 있을 것이다"라고 대답했다. 나머지 3%만 구체적인 자신의 미래를 제시했다. 10년 뒤, 이들의 삶을 추적 조사해봤다. 자신의 미래를 구체적으로 제시한 3%가 나머지 97%보다 더 많은 수입을 벌어들이고 있었다. 그뿐만 아니라 훨씬 행복한 인생을 살고 있었다.

　힘든 인생을 사는 사람 중엔 꿈 설정은 하지 않은 채 무작정 열심히만 사는 사람들이 많다. 그들은 가고자 하는 목적지 없이 무작정 발걸음을 옮기는 방랑자와 같다. 아무리 열심히 걷고 또 걸어도 목적지가 특정되지 않았으니 아무 데나 가게 되는 것이다. 마찬가지로 확고한 꿈 설정 없이 노력을 기울여 봤자, 소중한 시간과 에너지만 허비하게 된다.

　꿈 설정이 노력보다 우선이다. 절대 과녁을 보지 않고 활시위를 당기는 어리석은 궁수가 되어선 안 된다. 명사수라 해도 무조건 빗나가게 되어 있다. 꼭 이루고 싶은 꿈 없이 그저 열심히 살고 있다면 지금 당장 꿈을 설정해보자. 꿈을 설정하는 순간 자신의 모든 역량을 어디에 쏟아부어야 할지 알게 된다.

　브라이언 트레이시의 말을 기억해보라.

　그는 "성공을 위한 가장 중요한 기술은 누구보다도 명확하고 구체적인 목표를 세우고 이를 실현할 수 있는 세부 계획을 짜는 것이다. 자신이 원하는 것을 정확히 파악해 A4 용지에 또박또박 적고, 현실적인 데드라인을 설정하고 매일 이를 실현하기 위해 땀이 나도록 뛰는 게 필요하다. 그러나 가장 중요한 건 어떠한 일이 있어도 눈 하나 깜짝 않는 '고집'이다. 모든 성공은 끔찍한 실패를 바탕으로 한다. 이를 견딜 수 있는 고집과 끈기가 필요한 이유다"라고 말했다.

03

끌어당김의 법칙으로
100억을 현실로 만든 비결

"무엇을 하고 싶은지 마음속에 확실히 새겨라.
그러곤 옆길로 새지 말고 목표를 향해 곧장 전진해 나가라.
당신이 하고 싶은 위대하고 찬란한 일들에 대해 생각하라.
보이지 않는 과녁은 맞힐 수 없으며, 이미 존재하지 않는 목표는 볼 수 없다."

— 대중연설가, 지그 지글러(Zig Ziglar)

나는 그동안 여러 분야에서 성공한 사람들을 직접 만나거나 그들이 쓴 책을 통해 성공비결을 배울 수 있었다. 그들 가운데 음식업으로 크게 성공한 K 사장의 말이 아직도 귓가에 생생하다.

"그동안 제가 품어 왔던 꿈을 단 한순간도 잊은 적이 없었습니다. 그만 포기하고 싶은 순간들도 많았지만 꿈 때문에 그럴 수 없었어요. 제가 실현하고자 하는 꿈을 생생하게 떠올리면 가슴이 뛰면서 어떻게든 빨리 그 꿈을 이루고 싶은 마음이 강했기 때문입니다. 그래서 밤에 잠자리에 누우면 얼른 일할 수 있는 내일 아침이 왔으면 좋겠다는 생각마저 들더라고요. 자신이 좋아하는 일을 할 수 있는 게 가장 큰 행복인 것 같습니다."

모든 성공자는 매일 자신의 꿈을 생생하게 시각화한다. 그들이 시각화 습관을 지니게 된 이유는 무엇일까? 상상이 바로 자기암시 효과를 유발하기 때문이다. 자기암시는 일종의 자기 최면이라고 할 수 있다. 그런데 흥미로운 것은, 자기암시는 자기 생각이나 소원을 의식적으로 잠재의식에 각인시킴으로써 현실에 나타나게 한다는 점이다.

대부분 영화배우 짐 캐리(Jim Carrey)가 나온 영화 한두 편 정도는 봤을 것이다. 짐 캐리는 표정 연기의 달인이다. 그는 어려서 워낙 가난하게 살았기에 장난감이 없어 혼자 거울을 보면서 표정 놀이를 하고 놀았다고 한다. 그런 놀이가 그를 표정 연기의 달인으로 만들었다. 그는 무명시절 꼭 스타가 되겠다는 일념으로 자기 자신에게 1,000만 달러짜리 수표를 써주고 지갑에 넣고 다녔다. 3년 안에 꼭 1,000만 달러의 출연료를 받는 배우가 되겠다고 결심하면서 말이다. 이후 영화 〈배트맨 포에버〉 출연료로 1,000만 달러를 받으며 그의 일념은 현실이 되었다.

1976년 몬트리올 올림픽에 앞서 구소련의 선수들은 경기에서 우승하기 위해 한 가지 아이디어를 생각해냈다. 그것은 몬트리올시의 사진을 보면서 거기서 경기를 어떻게 풀어나갈지 날마다 상상하는 것이었다. 그들은 몬트리올에 한 번도 가본 적은 없지만 사진 속의 경기장에서 시합하는 모습은 마음대로 상상할 수 있었다. 이런 상상 훈련을 통해 선수들은 몬트리올의 경기장에 도착했을 때 마치 평소 자신이 자주 들렀던 곳 같은 편안함을 느낄 수 있었다. 그 결과 그들은 몬트리올 올림픽에서 좋은 성적을 거둘 수 있었다.

사용할수록 부자 되는 시각화 기술

레오나르도 다 빈치(Leonardo da Vinci), 아인슈타인(Albert Einstein), 에디슨(Thomas Alva Edison), 마리 퀴리(Marie Curie)와 같이 자기 분야에서 최고가 된 사람들도 자기암시를 통해 뛰어난 상상력과 통찰력을 얻었다. 과학자들은 레오나르도의 천재적 창조성은 선천적인 것이 아니라 후천적 노력에서 기인한 것이라고 말한다. 그때 그가 즐겨 사용한 사유도구가 바로 상상이었다.

나폴레옹 황제 역시 머릿속에서 항상 군대를 조련하거나 전술을 구상했다고 알려져 있다. 또한, 그는 자신의 이미지를 사령관으로 설정하고 고향인 코르시카섬의 지도에 방어 병력을 배치할 곳을 정확하게 표시해 두었다. 그가 수많은 전투를 승리로 이끌 수 있었던 비결 중 하나는 바로 자기암시였다고 할 수 있다.

베트남 포로수용소에 갇혀 있던 7년 내내 골프경기를 상상한 제임스 네스멧(James Nesmith) 미군 소령. 포로수용소에서 석방된 후 실제 골프채를 잡았을 때 그가 평소보다 타수를 20타 줄였다는 일화는 널리 알려져 있다. 아테네 올림픽에서 우리나라에 첫 금메달을 안긴 이원희 선수가 있다. 그는 승리 비결의 하나로 자기암시를 꼽았다. 그는 우승 후 인터뷰에서 "침대 매트리스를 유도 매트로 상상하며 잠자면서도 훈련했어요"라고 말했다.

자기 분야에서 최고가 된 사람들은 정말 절박하게 꿈을 갈망하기 때문에 단 한순간도 꿈을 잊지 않는다. 그래서 매 순간 꿈을 상상하면서 실현할 방법을 찾으려 고민한다. 사실 갈망하는 만큼 꿈을 이룰 최선의 방법을 생각해내고 행동하고 노력하게 되어 있다.

꿈을 실현하기 위해선 자주 성공한 미래의 자신의 모습을 그려보는 습관을 지녀야 한다. 누구나 성공한 자신의 모습을 상상하다 보면 마치 지금 그 꿈을 이룬 것처럼 마음이 들뜨고 행복해지는 것을 느끼게 된다. 그리고 그런 감정을 느끼다 보면 더욱더 꿈을 이루려 노력하게 된다. 쾌감을 좋아하는 뇌는 그와 같은 기분 좋은 감정을 맛보기 위해 무의식 속에서도 꿈을 실현할 방법을 찾으려고 분주히 활동한다.

이 책을 읽는 사람 중에 이렇게 반문하는 사람도 있을 것이다.

"꿈이 실현될지, 안 될지 알 수도 없는데 어떻게 생생하게 꿈꾸나요?"

"아직 꿈을 이루지 않았는데 어떻게 그런 상상을 할 수 있나요?"

물론 어느 정도 공감이 가는 말이다. 생생하게 시각화하면 꿈이나 소망이 현실이 된다는 것을 알지 못했던 과거에 나 역시 같은 의문을 가졌었기 때문이다. 그러나 성공한 사람들이 시각화를 통해 자신들의 꿈을 현실로 이루어냈다는 것을 알고는 그런 생각은 쓰레기통에 던져버렸다. 그리고 내가 이루고자 하는 것들을 매일같이 습관처럼 생생하게 상상했다. 이런 상상은 나에게 강한 확신과 믿음을 심어주었고 나를 더 노력하게 만들었다. 그 결과 나는 내가 원하는 인생을 살 수 있게 되었다.

상상을 현실로 가져오는 간단한 방법

세상의 많은 사람은 아직 꿈을 이루지 못했다. 아니, 이루지 못한 것이 아니라 그 꿈을 향해 나아가는 과정에 있다고 말하는 것이 적확할 것이다. 여기서 확실한 것은 꿈을 향한 날갯짓을 멈추지 않는다면 반드시 꿈을 이루게 된다는 사실이다.

하지만 안타깝게도 많은 사람이 꿈을 향해 나아가는 과정에서 쉽게 꿈을 포기한다. 그 이유는 생각하는 습관과 관련이 있다. 우리의 행동을 이끄는 것은 생각이기 때문이다. 우리는 생각을 먼저 하고 나서 그 생각에 맞는 행동을 하게 된다. 시련과 역경에 처하다 보면 자신도 모르게 의지가 약해져 '불가능하다'라는 부정적인 사고에 젖게 된다. 부정적인 사고는 '내가 어떻게?', '분명 실패하고 말 거야' 같은 부정적인 마음을 품게 만든다. 결국은 좌절해 자신의 꿈을 포기하게 만든다. 그래서 자주 성공한 자신의 모습을 상상하는 노력이 필요한 것이다. 이런 습관은 부정적인 사고를 긍정적인 사고로 전환해주기 때문이다.

당신은 끊임없이 주위 환경의 영향을 받으며 자기 암시하게 된다. 이런 암시에는 긍정적 암시와 부정적 암시가 있다. 긍정적 암시를 하는 사람은 그만큼 성공할 확률이 높아진다. 반대로 부정적인 암시를 많이 하는 사람은 그만큼 성공할 가능성이 작아지게 된다. 당신이 하는 암시는 은연중에 잠재의식에 그대로 전달된다. 잠재의식에 각인된 암시는 그대로 현실에 나타난다. 따라서 주위 환경, 특히 만나는 사람들의 영향에 따라 빠르게 삶이 개선될 수도 있고, 더 힘들어질 수도 있다.

힘든 인생을 사는 사람들 가운데는 어릴 때부터 부모로부터 다음과 같은 부정적인 말들을 듣고 자란 사람들이 많다.

"그렇게 해선 안 돼."

"넌 왜 그 모양이니?"

"넌 누굴 닮아서 그런 거니?"

"그러면 그렇지. 네가 뭘 하겠다고."

자신도 모르게 이런 말들은 부정적인 암시로서 잠재의식 속에 각인된다. 이런 사람은 어떤 일을 하더라도 적극적으로 행동하지 못한다. 이미 무의식 속에 '나는 잘할 수 없어', '실패하게 될 거야'와 같은 생각이 가득 차 있기 때문이다. 그래서 충분히 할 수 있는 일조차 주저하게 되고 결국 일을 그르치게 된다.

반면에 부모로부터 "잘해낼 수 있어", "네가 아니면 누가 하겠니?", "네가 생각하는 것보다 너는 더 잘할 수 있단다" 등의 격려와 칭찬을 많이 들으며 자란 사람은 어떨까? 격려와 칭찬은 긍정적인 암시를 주게 된다. 이런 사람은 언제나 긍정적으로 생각하게 되고, 늘 자신감으로 가득 차 있다. 그래서 다른 사람들이 주저하는 일조차 선뜻 나서서 해결하는 능력을 발휘하게 된다. 또한, 시련에 처해도 절대 낙심하지 않고 위기를 기회로 만들기도 한다.

진짜 성공하는 사람은 '이것을' 한다

지금 당신은 인생에서 가장 중요한 시간을 보내고 있다. 지금 자신의 꿈을 얼마나 자주 생생하게 상상하느냐에 따라 미래가 달라진다고 할 수 있다. 이런 행동은 꿈의 실현을 위해 분투하는 노력으로 이어지기 때문이다.

형이상학자 네빌 고다드(Neville Goddard)는 《상상의 힘》에서 다음과 같이 말했다.

"진리의 세상을 만드는 것은 외적인 사실에 의해 결정되는 것이 아니라 상상을 얼마나 강렬하게 하는가에 달려 있습니다. 우리가 처한 현실은 상상력을 올바르게 사용했는지, 아니면 잘못 사용했는지를 그대로 보여줍니다. 우리는 우리가 상상한 대로 됩니다. 우리 인생의 역사를 결정하는 것은 바로 우리 자신입니다. 상상력이 곧 길이자 진실이며, 우리 눈에 나타나는 삶입니다. 감각에 매인 인간은 장미 꽃봉오리를 보지만 상상력은 장미가 활짝 핀 모습을 봅니다. 그림자가 빛을 에워쌀 수 없듯이, 현실도 진리의 세상을 에워쌀 수 없습니다."

자신의 꿈을 이룬 모습을 상상하는 습관을 지녀보라. 김영삼 전 대통령도 학창 시절 때 책상 앞에다 "대통령이 꼭 되고 말 테다!"라고 써서 붙여 놓았다고 한다. 그리고 자주 대통령이 된 자신의 모습을 상상했다. 결국, 그는 우리나라 최연소 국회의원이 되었고, 자신의 꿈이었던 대통령에 당선되었다.

당신도 할 수 있다. 지금보다 더 나은 삶을 살 수 있다. 지금부터 자신의 성공한 모습을 생생하게 떠올리는 습관을 가져보라. 그렇게 하면서 목숨 걸고 노력해보라. 꿈은 반드시 이루어진다.

04

결국 성공하는
사람들의 비밀

"꿈을 계속 간직하고 있으면 반드시 실현할 때가 온다."

– 독일 작가, 괴테(Johann Wolfgang von Goethe)

우리에게 꿈이 없다면 인생은 너무나 무미건조할 것이다. 꿈이 없다는 것은 무언가 간절히 이루고 싶은 것이 없다는 말이기 때문이다. 인간이 동물과 다른 점은 꿈이 있다는 것이다. 꿈이 없다면 하등 동물과 다를 바가 없다.

주위를 둘러보면 '그럭저럭 밥만 먹고 살면 그만'이라는 안일한 생각을 하는 사람들이 있다. 이런 사람들을 볼 때면 안타까운 마음마저 든다. 이번 생을 포기한 사람들 같다는 생각이 들기 때문이다.

나는 사람들에게 입버릇처럼 가슴 뛰는 꿈을 가져야 한다고 말한다. 꿈이 있는 사람과 그렇지 않은 사람의 차이는 행동에서 나타나게 마련이다. 전자는 긍정적인 마인드에 활기차고 자신감이 묻어난다. 반면에 후자는 부정적인 마인드로 인해 자신감 없이 행동하게 된다. 그 결과 시간이 갈수록 두 사람의 격차는 하늘과 땅 차이로 벌어지게 되는 것이다.

과거의 나는 누구보다 비참한 삶을 살아야 했다. 2,500원짜리 돼지국밥 한 그릇을 사 먹으려면 식당 앞에서 5분간을 고민해야 했다. 그 돈이면 라면을 5개 살 수 있었기 때문이다. 과거의 나에겐 단돈 1,000원도 너무나 귀했다. 그래서 당시 내가 가장 원했던 것은 경제적 자유인이 되는 것이었다. 그 꿈을 이루기 위해 20대 시절에는 서울 영등포의 고시원에서 살며 막노동도 마다하지 않고 고군분투했다. 새벽녘까지 글을 쓰다 서너 시간만 자고 막노동 공사 현장으로 향했다. 그렇게 3년 반을 목숨 걸고 원고를 썼지만 출판사들로부터 500번 이상 거절당한 끝에 한 출판사와 출판 계약을 하게 되었다. 그 후 나는 작가의 삶을 살면서 코치, 상담가, 강연가, 컨설턴트, 사업가로 인생의 판을 키워나갔다. 그리고 지금처럼 부동산 40개를 소유한 200억 원의 자산가가 될 수 있었다.

꿈보다 더 나에게 위로가 되고 힘이 되어준 것은 없다

그동안 성공비결을 배우기 위해 다양한 분야에서 성공한 사람들을 만났다. 내가 만난 그들은 대부분 가난한 집에서 태어난 탓에 젊은 시절 안 해본 일이 없을 만큼 고생한 사람들이었다. 그러나 그들은 그런 고생을 고생으로 여기지 않았다. 오히려 자신이 꿈꾸는 미래를 위한 투자쯤으로 여겼다.

나는 성공한 사람들을 만날 때면 어김없이 성공비결을 물어본다.

흥미로운 것은, 그들이 지금 하는 일에서 최고가 되겠다는 '꿈'을 가지고 한 우물을 팠기 때문에 성공할 수 있었다고 대답한다는 점이다.

중견 건강식품 기업을 경영하는 어느 회장은 이렇게 말했다.

"중학교 때 아버지가 돌아가신 후 가세가 기울었어요. 그때부터 저는 신문 배달, 우유배달, 주유원 등 서른여 가지의 일을 하면서 청춘을 보내야 했어요. 하지만 그때 저는 훗날 꼭 내 이름으로 된 회사를 차리겠다는 꿈을 꾸었습니다. 그래서 아무리 힘들어도 꿋꿋하게 버텨낼 수 있었지요. 제가 가장 힘들고 고달플 때 저를 위로해주고 일으켜 세워준 것은 다름 아닌 꿈이었습니다."

그동안 살아오면서 꿈보다 더 나에게 위로가 되고 힘이 되어준 것은 없었다. 과거 어리석었을 때는 힘들수록 사람에게 기대었다. 하지만 그럴수록 돌아오는 것은 배신감과 심한 상처였다. 나는 나약한 사람들만이 사람에게 기댄다는 것을 깨닫게 되었다. 꿈은 내가 살아가야 하는 이유였다. 그래서 비록 지금 고달프고 힘들어도 묵묵히 견뎌낼 수 있었다.

밥은 굶어도 생생하게 꿈을 떠올리는 일은 빼먹지 마라

미국 미시간주의 성 요셉 보육원에 문제 소년 한 명이 들어왔다. 그 소년은 원생들과 싸움을 일삼았다. 그러나 베라다 선생님은 그 소년을 포기하지 않았다. 인내심을 가지고 끊임없이 소년에게 용기를 주며 격려했다.

"얘야, 너는 싸움만 할 것이 아니라 미래에 큰 인물이 되겠다는 꿈을 가져라. 그러면 반드시 그렇게 될 수 있단다."

그러나 소년의 행동에는 별다른 변화가 없었고, 결국 보육원에서 쫓겨나고 말았다. 소년은 그 후에야 비로소 베라다 선생님의 소중한 가르침을 깨닫게 되었다. 소년은 지금부터는 다른 모습으로 살겠다고 굳게 결심하고 피자가게에 취직해 열심히 일했다. 그 결과 소년은 피자 한 판을 11초에 반죽하는 탁월한 기술을 지니게 되었다.

소년은 다른 동료들보다 빨리 피자를 반죽할 수 있는 기술을 갖추었어도 절대 자만하지 않았다. 오히려 소년의 가슴속은 베라다 선생님의 말씀처럼 큰 인물이 되겠다는 의지로 가득 차 있었다.

소년은 자신의 꿈을 매일 조금씩 실현해 나갔다. 그런 노력에 힘입어 어른이 된 그는 자신의 피자가게를 차릴 수 있었다. 그는 자신의 가게를 세계적인 피자 가게로 성공시키겠다는 꿈을 품었다. 시간이 지나면서 이 가게는 급속도로 성장해 미국에서 두 번째로 큰 피자 회사로 자리매김하게 되었다. 이 피자 회사가 바로 '도미노 피자'다.

이 소년의 이름은 토머스 모너건(Thomas Monaghan)이다. 그는 한때 피자사업을 통해 벌어들인 돈으로 미국프로야구 명문구단인 디트로이트를 경영하기도 했다. 또한, 수많은 청소년에게 장학금을 지급하며 공익사업에도 적극적으로 나섰다.

어느 날 어느 일간지 기자가 그에게 성공비결을 물었다. 그러자 그는 자신이 사업에 성공할 수 있었던 것은 베라다 선생님의 가르침 덕분이었다고 말했다. 토머스 모너건은 꿈 없이 방황하는 사람들에게 이렇게 외친다.

"확고한 꿈을 가져라. 그러면 반드시 그렇게 될 수 있다."

성공한 사람들은 하나같이 꿈을 가져야 한다고 말한다. 성공한 사람들은 모두 꿈쟁이들이다. 밥은 굶어도 생생하게 꿈을 떠올리는 일은 빼먹지 않았다. 꿈을 밥보다 더 중요하게 생각했기 때문이다.

미래를 좌우하는 것은 스펙이 아닌 꿈이다

조선 시대를 대표하는 화가 안견. 그는 세종, 문종, 단종, 세조, 예종의 시대를 모두 거치며 산 사람이다. 그렇게 험난한 역사 속에서 예술 활동을 하면서도 최고의 화가가 되겠다는 꿈은 한순간도 잊지 않았다. 그가 얼마나 꿈을 갈망했던지 꿈속에서조차 자신이 그리고 싶은 그림을 생각할 정도였다.

그러던 어느 날 그의 눈앞에 무릉도원의 풍경이 펼쳐졌다. 그는 급히 지필묵을 들어 자신이 본 신비스러운 광경을 화선지에 그렸다. 그 그림이 바로 '몽유도원도'다. 이처럼 꿈을 향한 강렬한 열정은 꿈을 현실로 변화시켜주는 힘을 지니고 있다.

컴퓨터 황제 빌 게이츠, 자동차 왕 헨리 포드, 혁신의 아이콘 스티브 잡스, 아마존 창업자 제프 베이조스(Jeff Bezos), 페이스북 창업자 마크 저커버그(Mark Zuckerberg), 테슬라 창업자 일론 머스크(Elon Musk). 자신의 분야에서 성공을 이룬 이들은 모두 자신의 꿈을 이루기 위해 고군분투했던 사람들이다. 그들이 자신의 분야에서 최고가 될 수 있었던 것은, 가슴 뛰는 꿈에 모든 것을 걸었기 때문이다.

어쩌면 이 책을 읽고 있는 당신은 다람쥐 쳇바퀴 도는 것 같은 하루하루가 고단하게 느껴질 것이다. 만약 경제적인 여건이 허락된다면 다른 일에 도전해 보고 싶은 생각도 들 것이다. 그런 당신에게 지금 필요한 것은 '가슴 뛰는 꿈'이다. 가슴 뛰는 꿈을 가지면 하루하루가 신나고 즐거워진다. 인생의 목적과 의미를 찾았기 때문이다. 힘든 일도 기꺼이 해낼 수 있는 에너지가 솟아나게 된다. 나는 당신이 지금 하는 당신의 일을 꿈 실현을 위한 과정이라고 여겼으면 좋겠다.

5년 후, 10년 후의 미래를 좌우하는 것은 스펙이 아닌 꿈이다. 꿈을 가진 사람은 지금 현실이 불행하게 느껴지더라도 자신의 본분에 최선을 다하게 된다. 자신에게 닥친 시련과 역경들을 꿈꾸는 미래를 위한 숙제로 여기기 때문이다. 꽃이 아름다운 것은 향기가 있기 때문이다. 우리의 인생이 아름답고 가치 있는 것은 이루고 싶은 꿈이 있기 때문이다.

05

놀랍도록
다 이루어지고 있다

"모든 것은 꿈에서 시작된다. 꿈 없이 가능한 일은 없다.
먼저 꿈을 가져라. 오랫동안 꿈을 그리는 사람은 마침내 그 꿈을 닮아간다."

— 프랑스 소설가, 앙드레 말로(Andre Malraux)

갈수록 생존 경쟁이 치열해지고 있는 세상이다. 사람들은 너나 할 것 없이 '못 살겠다'라며 아우성친다. 그런 만큼 사람들 대부분은 '스펙 쌓기'에 몰두한다. 하지만 가장 중요한 인생의 목적 없이 무작정 스펙 쌓기에 집중하는 것보다 더 위험한 것은 없다. 여기서 사람들 대부분이 간과하고 있는 게 있다. 바로 '꿈'이다. 자신이 진정으로 무엇을 실현하고 싶은지, 어떤 인물이 되고 싶은지 고민하지 않은 채 스펙만 쌓다 보면 결국 현대판 노예의 삶을 살게 될 뿐이다.

학생, 직장인 할 것 없이 성공하는 인생, 후회 없는 삶을 살고자 한다면 꿈부터 찾아야 한다. 꿈을 가져야 하는 중요한 이유가 있다. 꿈은 그 자리에 머물러 있는 것이 아니라 계속 진화하기 때문이다. 지금 당신이 어떤 꿈을 가졌다고 가정해보자. 그 꿈을 실현하고 나면 자신도 모르게 또 다른 꿈을 가지게 된다. 물론 그 꿈은 성취한 예전의 꿈과는 비교할 수 없을 만큼 큰 것이다. 그 꿈을 이루기 위해 분투하면서 인생의 판이 커지게 되는 것이다.

지금의 나는 대한민국 최초로 글쓰기, 책 출판, 책 쓰기에 관한 특허를 가진 일타 성공 책 쓰기 강사이자 여러 개의 법인 회사 대표다. 12년 동안 평범한 사람들이 단 몇 개월 만에 자기 이름으로 된 책을 쓸 수 있도록 코칭했다. 그러다 보니 국내는 물론 해외 각지에서 퍼스널 브랜딩 하러 많은 사람이 나를 찾아오고 있다. 책 쓰기뿐만 아니라 지식과 경험을 팔아 고수익을 올리는 무자본 창업 방법을 알려달라고 나에게 도움을 요청하고 있다. 지금은 경제적 자유인으로서 하고 싶은 걸 다 하고 살지만 불과 10여 년 전만 해도 그러지 못했다.

흙수저, 무스펙, 신용불량자로서 정말 안 해본 일이 없을 만큼 다양한 경험을 해야 했다. 신문 배달, 주유소 아르바이트, 막노동, 전단지 돌리기, 피자가게 아르바이트, 공장 생활 등 수십 가지의 직업을 거쳤다. 심지어 트럭에 휘발유를 주입하는 바람에 월급도 받지 못한 채 주유소에서 쫓겨나는 신세가 되기도 했다.

강한 확신이 돈과 성공을 끌어당긴다

나는 2년제 대학을 졸업한 후 수백 군데의 회사에 지원했다가 탈락하고 심한 좌절감에 빠졌던 적이 있었다. 그러던 어느 날 문득 나는 내 마음속에 온통 부정적인 생각이 가득 차 있다는 것을 깨닫게 되었다. 그때부터 부정적 사고를 긍정적 사고로 전환해 주는, 성공한 사람들의 저서들을 닥치는 대로 읽었다. 그들의 책은 긍정적인 사고를 하는 데 많은 도움이 되었다.

당시 나는 '작가'라는 꿈을 정했다. 그리고 그 꿈을 이루려고 일부러 직업도 기자를 택했다. 당시 월급이 60만 원밖에 되지 않았지만, 작가의 꿈을 이루기 위한 투자라고 생각했다. 3년 동안 직장 출근 전 2시간, 퇴근 후 2시간 동안 책을 썼다. 내가 쓴 원고를 출판사에 보냈지만 500번 이상 퇴짜를 맞아야 했다. 하지만 나는 포기하지 않았다. 계속 나의 원고를 인정해주는 출판사를 찾기 위해 노력했다. 그런 노력 끝에 원고가 책으로 출간되는 기쁨을 맛볼 수 있었다.

나는 '작가'의 꿈을 이룬 후 '베스트셀러 작가'라는 꿈을 다시 꾸기 시작했다. 그리고 또다시 치열하게 노력했다. 그 후에도 또 다른 꿈들이 새록새록 생겨났다. 나는 실현하고자 하는 것들을 적은 종이를 지갑과 가방에 넣어 다니며 수시로 들여다보았다. 꿈을 실현한 내 모습을 상상하면서. 이때 내가 습관적으로 했던 것이 있는데 바로 시각화, 즉 자기암시다. 아직 원하는 것들을 이루지 못했지만 마치 이룬 것처럼 생각하고 말하고 행동하면서 성공자의 사고를 갖출 수 있었다. 그리고 내가 바라는 것들을 실현하기 위해 최선을 다했다. 그 후 믿을 수 없는 기회들이 나를 찾아왔고, 조금씩 나의 잠재력과 가능성의 날개를 펼칠 수 있었다.

책을 쓴 지 10년이 지나 나는 중국, 대만, 태국 등에 책이 수출되는 베스트셀러 작가가 되었다. 또한, 초·중·고등학교 16권의 교과서에 나의 글이 수록되는 행운도 누릴 수 있었다. 2011년에는 경기도교육청에서 추천하는 '청소년에게 영향력 있는 작가'에 선정되었다. 같은 해

12월 35세 때는 저서 100권을 집필한 공적을 인정받아 '제1회 대한민국기록문화대상' 개인 부문 대상을 받았다. 현재는 글쓰기, 책 쓰기, 1인 창업, 무자본 창업, 온라인 마케팅 교육, 퍼스널 브랜딩 교육을 하는 교육회사를 운영하고 있다. 많은 사람이 내가 운영하는 네이버 카페 〈한국책쓰기강사양성협회〉에 가입해 교육받고 있다.

절대 의지만으론 성공할 수 없다, 잠재의식을 깨워라

나는 20대 때 다행히도 잠재의식과 상상의 힘에 대해 알게 되었다. 그것들의 원리가 어떻게 돌아가는지 완벽히 알지는 못했지만 믿고 실천했다. 그때 가장 충격이었던 것은 부자 확언을 통해 인생을 바꿀 수 있다는 것이었다. 사실 그때까지도 스펙과 집안 배경, 학력이 인생을 결정한다고 믿고 있었기 때문이다. 그런데 내가 상상하는 것들이 현실이 된다니 정말 기쁘기도 하고 행복했다. 이제부터 진짜 나의 삶이 펼쳐진다고 생각하자 흥분까지 될 정도였다. 그때 나는 이런 부자 확언을 했다.

"나는 행복한 사람이다!"
"나에게 계속해서 여러 경로로 더 많은 돈이 들어오고 있어 행복하다!"
"나는 양가 어머니를 모시고 크루즈 여행을 다녀올 수 있어서 행복하고 감사하다!"
"나에게 점점 더 많은 돈이 들어온다!"

"나는 100억대 부자가 되어 행복하고 감사하다!"

"나는 사람들에게 나의 지식과 경험, 성공비결을 알려줄 수 있어 너무 행복하다!"

나는 매일 아침 눈뜨자마자 10분 동안 이런 부자 확언을 했고, 잠들기 전에도 그리했다. 그리고 나의 힘든 현실 때문에 순간 부정적인 생각이 일 때도 어김없이 부자 확언을 했다. 그 결과 놀라운 일들이 일어났다. 부자 확언이 모두 이루어진 것이다.

2018년 3월, 14박 15일간의 동남아시아 크루즈 여행을 양가 어머니와 우리 가족, 회사 직원들, 지인들과 함께 다녀왔다. 죽기 전에 꼭 하고 싶었던 꿈의 여행인 크루즈 여행을 3대가 함께할 수 있었다는 사실에 가슴이 벅차고 행복했다. 지금도 노부부들이 함께 맥주를 마시고, 수영하고, 관광하는 모습을 보며 참 따뜻하고 멋지다고 느꼈던 마음이 기억난다. 나도 저렇게 여유롭고 우아하고 풍요롭게 늙고 싶다는 생각이 들었다.

꿈을 잠재의식과 일치시켜라! 반드시 이루어진다

내가 하고 싶은 말은, 꿈은 계속 진화한다는 것이다. 처음에 내가 작가의 꿈을 가졌기 때문에 작가 그 이상의 꿈들을 이룰 수 있었다. 처음에 가지는 꿈이 작고 초라해도 괜찮다. 그 꿈을 이루고 나면 점점 더 크고 멋진 꿈들을 이루게 될 테니까. 그래서 꿈 너머 꿈이라는 말이 생겨났나 보다.

'바람의 딸'로 널리 알려진 한비야는 어린 시절 아버지와 약속한 '세계일주'의 꿈을 이루기 위해 배낭여행을 떠났다. 그리고 그 여행담을 담은 책을 펴냈고, 그 책이 베스트셀러가 됨으로써 유명 작가가 되었다. 그녀는 자신의 저서에다 국제구호단체에서 활동하고 싶다는 바람을 적었다. 얼마 후 그 저서를 읽은 국제구호기구인 월드비전의 한 관계자로부터 국제구호팀 팀장으로 활동해보지 않겠느냐는 제안을 받게 된다. 그녀의 꿈이 실현된 순간이었다.

앞에서 여러 성공한 사람들을 살펴보았다시피 꿈은 그 자체로 끝나지 않는다는 것을 알 수 있다. 하나의 꿈은 다른 꿈들과 이어져 있기 때문이다. 따라서 지금 자신이 어떤 꿈을 설정하느냐에 따라 앞으로 올 미래까지 달라진다.

지금 꿈이 없다면 만사를 제치고 꼭 이루고 싶은 꿈부터 찾아야 한다. 꿈 없이 무작정 스펙만 쌓거나 죽어라고 일만 해선 안 된다. 그러면 절대 현재보다 더 나은 인생을 살 수 없다. 먼 훗날 후회가 가득한 삶을 살아왔다는 것을 자각하게 될 것이다. 꿈은 성공의 씨앗이다. 죽은 심장을 거세게 뛰게 하는 꿈을 찾아보라. 어제와 다른 내일을 살게 될 것이다. 당신이 찾은 그 꿈이 당신을 눈부신 미래로 인도해줄 것이다.

GETTING
BETTER

Part 3

많이 읽지 말고
제대로 읽어라

독서

01

원하는 것을
얻고 싶다면 읽어라

"이 세상의 어떤 서적도 너에게 행복을 가져다주지는 않는다.
그러나 서적은 은밀히 너 자신 가운데의 너를 되돌아오게 한다."

― 독일 소설가, 헤르만 헤세(Hermann Hesse)

세상에는 책을 통해 자신의 내면에 잠들어 있는 잠재력을 깨닫고, 성공을 향해 달려간 사람들이 많다. 나 역시 20대 중반까지만 해도 아무런 존재감이 없는 사람이었다. 초등학교 중퇴의 가난한 부모님과 전문대학 졸업, 무스펙이었던 만큼 패배의식으로 가득 차 있었다.

그러던 중 우연한 계기에 세계적인 성공 철학의 거장 나폴레온 힐(Napoleon Hill)의 책을 읽게 되었다. 그 책은 깜깜한 동굴을 걷고 있는 나에게 전등불을 환히 비춰준 것과 같았다. 나처럼 내세울 것 하나 없는 사람도 확고한 꿈을 가지고 고군분투하면 반드시 성공할 수 있다는 확신과 믿음을 심어주었다. 그때부터 나는 가슴에 확고한 꿈을 품기 시작했다. 그동안 한 번도 치열하게 살아본 적이 없던 내가 정말 나 스스로 감동할 만큼 꿈을 이루려 노력했다. 그러자 진창길 같았던 내 인생이 서서히 변화되기 시작했다.

나는 책이 인생을 바꾸어 준다는 진리는 믿는다. 많은 사람이 책의 영향을 받아 인생을 바꾸었다. 때로 포기하고 싶은 순간들도 있었지만, 그때마다 책은 일어설 힘을 주었다.

나는 한 권의 책으로부터 왔다

도시인을 위한 찻집 형태의 대중문화 공간으로 '민들레영토'가 있었다. 20여 년 전 신촌의 기찻길 옆 열 평짜리 카페에서 시작된 민들레영토는 한때 전국에 20여 개 지점을 둘 정도로 성장했다. 이곳은 600명의 직원이 하루 1만 명이 넘는 손님을 맞이하는 곳으로 대학생들이 가장 일하고 싶어 하는 카페로도 알려졌었다.

민들레영토의 창업자 지승룡 대표는 한때 목사였다. 그런데 가정적인 문제로 인해 교회에서 쫓겨나 백수 생활을 3년 가까이 하게 되었다. 그는 그 시간에 도서관을 다니며 닥치는 대로 책을 읽기 시작했다. 그렇게 그는 몇 년간 2,000권에 가까운 책을 보게 되었는데, 그때 읽었던 책이 당시의 민들레영토를 만들게 된 계기가 되었다. 만약 지승룡 대표가 백수 시절에 책을 읽지 않았다면 그때 그는 어떤 인생을 살고 있었을까?

이번에는 책을 통해 운명을 바꾼 한 흑인 소년의 이야기다. 빈민가에서 초등학교도 제대로 졸업하지 못한 홀어머니와 함께 사는 한 흑인 소년이 있었다. 학교에서는 꼴찌를 도맡아 하는 열등생이었지만,

어머니는 늘 용기를 주며 그를 격려했다. 그런데도 좀처럼 변화가 없자, 어머니는 작은 묘책을 생각해냈다. 어머니는 아들을 불러 이렇게 말했다.

"무슨 책이든 일주일에 2권씩 읽고, 독후감을 써서 엄마에게 주렴. 그 책이 훗날 너의 발전에 밑거름이 될 거야."

처음에 소년은 어머니가 내준 과제가 귀찮게 여겨졌다. 그래도 어머니의 말씀이었기에 꾹 참고 할 수밖에 없었다. 그날부터 소년은 도서관에 가서 자신이 관심 있어 하는 주제의 책들을 읽기 시작했다. 평소 비버를 좋아하던 소년은 처음에 동물 관련 책들을 읽었다. 그리고 식물, 암석 등 그 주제를 넓혀 갔다. 특히 등하굣길에 널려 있는 풀과 꽃, 그리고 돌멩이들을 책에서 읽은 내용과 비교 관찰하는 걸 취미로 삼았다.

그러던 어느 날, 담임선생님이 검은 돌조각 하나를 내놓으면서 말했다.

"이 돌의 이름을 아는 사람 있니?"

반 학생 모두 우물쭈물하며 대답하지 못할 때 소년이 주저하며 손을 들었다. 주위 학생들은 키득키득 웃기 시작했다. 물론 선생님도 의아한 표정을 지었다.

"선생님, 그 돌은 흑요석이에요. 용암이 물에 닿자마자 급격하게 온도가 낮아지면서 만들어지는 암석입니다."

그렇게 말문을 연 후 소년은 돌에 관한 지식을 술술 풀어놓기 시작했다. 선생님은 감탄하며 소년을 칭찬했다. 이 일로 소년은 자신감을 얻어 더욱 많은 책을 읽으며 지식을 넓혀 갔다.

이 소년이 바로 세계 최초로 샴쌍둥이 분리 수술을 성공시킨 전설의 외과의사 벤 카슨(Ben Carson)이다.

내 삶의 무기가 되는 책 읽기

독서를 통해 이룬 성공을 다시 사회에 환원한 인물이 있다. 그는 바로 '백화점의 왕'이라 불리는 존 워너메이커(John Wanamaker)다. 그는 140여 년 전에 오늘날과 같은 백화점을 구상했을 뿐 아니라 백화점에 최초로 엘리베이터를 설치했다. 그뿐만 아니라 다양한 서비스와 직원 복지 공간을 제안하는 등 백화점 역사에 큰 획을 그은 인물로 알려져 있다. 지금 종로에 있는 YMCA 건물은 100여 년 전 워너메이커의 기부금으로 세워졌다.

그는 독서를 통해 자신이 나아갈 방향을 잡고 기업의 경영원칙을 정했다. 또한, 질책이나 강압으로 직원들의 행동이나 습관을 바꾸려 하지 않았다. 그 대신 직원들을 칭찬하고 격려해 그들이 스스로 행동과 습관을 변화하게끔 이끌었다. 그러자 직원들은 밤새워 일해도 지치지 않았고, 오히려 즐거움을 느꼈다.

그는 종종 정규 교육을 제대로 받지 않았던 탓에 지식의 한계를 느끼곤 했다. 그때마다 다양한 독서를 통해 지식을 쌓았다. 젊은 시절 그는 어려운 생활 속에서도 늘 수입 일부를 떼어 책을 사는 데 투자했다. 또한, 자신 역시 가난한 처지였지만 도움이 필요한 사람에게는 과감히 베풀 줄 아는 사람이었다. 힘든 환경이었지만 불평하는 일이 없었고, 매사에 긍정적이고 낙관적이었다. 가끔 시련이 닥쳐 곤경에 빠져도 책을 읽으며 감정을 다스렸다. 그리고 책 속에서 기회를 찾기도 했다.

그는 순간적으로 떠오르는 아이디어들을 놓치지 않기 위해 메모하는 습관을 들였다. 그리고 그 습관을 통해 시간을 효율적으로 활용할 수 있었다. 그 결과 그는 성공한 기업인이 되었는가 하면, 백악관의 부름을 받아 체신부 장관을 지내기까지 했다. 워너메이커는 독서를 통해 성공한 삶을 산 사람 중 한 사람으로 꼽힌다.

성공하는 사람이 되기 위해선 책을 가까이해야 한다. 그런데 요즘은 SNS, 유튜브 등의 영향으로 인해 책을 가까이하는 사람을 보기가 힘들다. 카페에 가보면 대부분 스마트폰을 들여다보고 있다. 게임을 하거나 유튜브 영상을 보는 것이다. 나는 황금 같은 자투리 시간을 그렇게 허투루 보내는 사람들이 이해가 되지 않는다. 그들은 인생이 시간으로 이루어져 있다는 것을 깨닫지 못하는 모양이다. 그들의 소중한 시간이 중요하지 않은 일에 쓰이며 사라지고 있는데도 말이다.

책과 거리가 먼 사람들 가운데 지식과 지혜가 부족한 '무뇌형' 인간이 많다. 무뇌형 인간이라고까지 하지 않더라도 독서를 하지 않는 사람의 사고 수준은 낮을 수밖에 없다. 지식이 모자라는 만큼 사고의 폭이 얕고 좁을 수밖에 없기 때문이다. 이는 마치 우물 안이 세계의 전부라고 착각하는 어리석은 개구리와 같다. 성장하고 발전하는 사람이 되기 위해선 끊임없이 새로운 지식과 경험, 깨달음, 지혜를 축적해야 한다. '나'라는 그릇 안에 이러한 것들이 어느 정도 담겨 있을 때, 그동안 깨닫지 못했던 기회를 발견할 수 있다.

책을 읽어야 하는 '진짜' 이유

책이 주는 유익함은 손꼽을 수 없을 만큼 많다. 그중 몇 가지를 꼽는다면 성공한 사람들에게서 배우는 지혜와 깨달음, 노하우가 아닐까 생각한다. 무엇보다도 그들에게서 받는 강한 동기부여를 빼놓을 수 없을 것이다. 많은 사람이 그들의 성공담을 통해 시련과 역경을 이겨내고 꿈을 향해 달려갈 수 있는 용기와 희망을 얻을 테니까.

성공한 사람들은 모두 책을 가까이했던 사람들이다. 그들의 성공 키워드에는 언제나 독서가 있다. 오죽하면 빌 게이츠가 이런 말을 했겠는가?

"지금의 나를 만든 것은 동네의 공립도서관이었다. 훌륭한 독서가가 되지 않고는 참다운 지식을 갖출 수 없다. 멀티미디어 시스템이 영상과 음향을 사용해 많은 정보를 전달함에도, 문자 텍스트는 여전히 세부적인 내용을 전달해주는 최선의 방책이다. 나는 평일에는 최소한 매일 밤 1시간, 주말에는 3~4시간의 독서시간을 가지려고 노력한다. 이런 독서가 나의 안목을 넓혀준다."

책은 어떤 음식보다도 향기롭고 영양이 풍부하다. 음식이 우리 육체에 영양을 제공해준다면 책은 마음과 영혼에 영양을 공급해준다. 과거에 나는 일주일에 한 번은 꼭 오프라인 서점에 들러 일주일가량 읽을 책을 무더기로 구매하곤 했다. 그러나 지금은 바쁜 일정 때문에 오프라인 서점 대신 온라인 서점을 이용한다. 과거에는 자기계발 위주의 책을 읽었다면, 지금은 영성과 마음공부, 의식성장에 관한 책 위주로 읽고 있다. 의식이 전부라는 것을 알기 때문이다. 나는 수십 권의 책을 책상 위에 쌓아놓고 읽는다. 나를 가장 즐겁고 행복하게 하는 일 가운데 하나는 서점에서 책을 구매하고 책을 읽는 일이다.

나는 책을 보물이라고 생각한다. 책 속에는 저자의 지식과 사상과 경험이 고스란히 담겨 있기 때문이다. 우리는 책을 통해 편하게 다양한 저자의 지식과 경험, 지혜와 깨달음 등을 얻을 수 있다. 단돈 2만 원도 안 되는 금액으로 이런 값진 보물을 얻을 수 있다니, 정말 놀랍지 않은가.

02

최악의 순간,
슬럼프를 극복하는 방법

"당신에게 가장 필요한 책은
당신으로 하여금 가장 많이 생각하게 하는 책이다."
– 미국 소설가, 마크 트웨인(Mark Twain)

여러분 가운데 슬럼프에 빠져 힘들어하는 사람도 있을 것이다. 꿈에 대한 확신이 흔들려 포기할까 고민하는 사람도 있을 것이다. 슬럼프는 누구나 겪는 성장통이다. 만약 슬럼프를 겪지 않는 사람이 있다면 그는 이미 심장이 멈춘, 죽은 사람일 것이다.

음악을 전공 중인 한 학생이 다음과 같은 이메일을 보내왔다.

"요즘 이상하게도 악기를 부는 게 귀찮게 여겨집니다. 얼마 전까지만 해도 친구들보다 더 나은 실력을 갖춰야지 하는 생각으로 남들보다 연습을 더 열심히 했습니다. 며칠 전엔 선생님 앞에서 한 명씩 연습한 곡을 선보이는 자리가 있었어요. 그런데 거기서 실수하는 바람에 창피만 당했습니다. 그 일 이후로 의욕이 사라졌고 모든 것이 귀찮기만 합니다.

오늘 악기 레슨을 받았는데요. 레슨 선생님도 제가 다른 친구들보다 늦게 시작한 만큼 빨리 따라가야 한다며 더 열심히 하라고 하시지만, 저는 어떤 의욕도 생기질 않습니다. 지금 저의 이런 심정을 부모님에게 말씀드리는 게 좋을까요? 아니면 혼자 참고 이겨내야 하는 걸까요?"

나는 그 학생에게 비슷한 상황을 이겨내고 성공한 사람들의 예를 들어 주었다. 꿈을 성취하는 과정에서 반드시 맞닥뜨리는 것이 있다. 바로 슬럼프다. 슬럼프란, '운동이나 경기에서 자기 실력을 제대로 발휘하지 못하고 저조한 상태가 계속 이어지는 것'을 말한다. 자신의 분야에서 정상에 선 사람들은 모두 슬럼프를 잘 극복한 사람들이다. 그들 역시 성공하기까지 슬럼프로 힘든 시간을 보냈던 적이 많았다. 하지만 슬럼프에 빠져 좌절하기보다 자신만의 방법으로 슬럼프를 이겨냈고 더 단단해졌다.

매일 독서하는 습관이 나를 작가로 만들어주었다

사람들 대부분은 꿈과 목표를 향해 나아가는 과정에서 좌절하게 된다. 남들은 쉽게 꿈을 이루고 성공한 것 같은데 자신은 그러지 못한 것 같고 한심하게 여겨지기 때문이다. 이럴 때는 다른 사람들의 성공 스토리를 접해보라. 그러면 자신의 생각이 틀렸다는 걸 깨닫게 된다. '아, 이 사람도 나처럼 똑같이 고생하며 성공했구나', '지금 나의 힘듦은

이분에 비하면 아무것도 아니구나.' 이런 생각이 의지를 단단하게 만들어준다.

나는 20대 시절, 매일 새벽 5시에 일어나 다음 날 새벽까지 글쓰기에 매진했다. 그때의 주식은 주로 라면이었다. 그런데도 온종일 글을 써도 힘들거나 지치지 않았다. 오히려 내가 써낸, 원고라는 결과물이 보이자 더 힘이 났다. 그렇게 고군분투하며 글을 쓴 결과 2004년부터 2005년까지 초감성 사랑 에세이 《사랑해도 될까요?》와 산문집 《세상에서 가장 행복한 기다림》, 《지혜의 소금창고》, 어린이 동화 《생각의 힘》 등 12권의 책을 출간하게 되었다. 피 끓는 열정으로 책을 거의 쏟아내다시피 한 것이다. 매일 잠자는 시간만 빼고 책을 썼기에 가능한 일이었다. 출판사에서 받은 계약금과 인세, 강연 수입은 약간의 생활비만 빼곤 모두 빚을 갚는 데 썼다. 그러다 보니 나도 모르게 '나만 왜 이런 고생을 해야 하나'라는 불만과 함께 슬럼프가 찾아왔다. 그때 내 솔루션은 성공자들의 성공 스토리가 담겨 있는 책들을 닥치는 대로 읽는 것이었다. 친구들을 거의 만나지 않고 내 일에만 집중한 나에게 책은 유일한 친구이자 스승이었다.

나는 치열하게 책을 읽고 글을 쓰면서 어떻게 하면 아버지가 돌아가시고 난 후 물려받은 거액의 빚을 2년 안에 갚을 수 있을지 고민했다. 내가 찾은 방법은, 낮에는 초·중·고등학생들 대상으로 독서와 글쓰기, 논술 과외를 하고 밤에 글을 쓰는 것이었다. 그렇게 나의 '투잡' 생활이 시작되었다. 시간이 지나면서 초등학생들과 중학생 고객이 생겨나기 시작했다. 나는 일주일에 1시간씩 2번 과외를 했고, 30명에 가까운 가까운 아이들을 가르치게 되었다. 종종 어머니들로부터 아이들의 일기 쓰기와 글쓰기 실력이 많이 늘었다는 말을 듣곤 했다. 어떤 어머니는 아이의 국어 성적이 올랐다고, 감사하다며 현금이나 상품권을 선물로 주시기도 했다. 그런데 한 가지 문제가 있었다. 과외로 인해 몸이 고단하다 보니, 밤에 글을 쓰려 하면 졸음이 쏟아지는 것이었다. 처음에는 정신력으로 이겨냈지만, 시간이 갈수록 피로가 누적되어 글을 쓰다가 책상에 그대로 엎드려 잠든 적도 많았다. 당시 독서 논술 과외 시간과 잠자는 시간을 제외한 10시간 동안 나는 책상에 앉아 글을 썼다. 그렇게 치열하게 읽고 쓰면서 2006년에는 동화 《안경 할머니와 초콜릿 마을》, 《나무 할아버지와 버섯 마을》, 《진주 품은 동화》, 산문집 《희망의 소금창고》, 《1%에서 행복 만들기》, 자기계발서 《라이프스토리 50》 등 13권의 책을 출간하게 되었다. 이어 2007년에는 14권의 책이 출간되었다. 그때까지 43권의 책을 펴낸 셈이었다. 많이 출간할 때는 1년에 20권가량의 책을 출간하기도 했다. 나를 아는 사람들은 하나같이 감탄하며 그런 나를 대단하다고 치켜세웠다.

당시 어머니는 자주 나와 누나들에게 "빚 없이 마음 편하게 살고 싶다"라는 말씀을 하셨다. 나는 돌아가신 아버지의 소원은 들어드리지 못해도 살아 계신 어머니의 소원은 꼭 들어드리기로 마음먹었다. 나는 빚 갚는 데 모든 노력을 쏟아부었다. 안 입고, 안 먹고, 안 만나고 한 결과 딱 2년 만에 고향 집의 빚을 모두 갚을 수 있었다. 마지막 남은 대출금 80여만 원마저 송금하고 나니, 그렇게 홀가분할 수가 없었다.

오랫동안 나의 가슴을 짓누르고 있던 무거운 돌덩이를 내려놓은 기분이었다. 나는 바로 어머니에게 전화를 걸어 "빚 다 갚았어, 엄마. 이제 소원대로 마음 편히 살 수 있겠네"라고 말했다. 어머니 역시 어린아

이처럼 환호하며 좋아하셨다. 당시 나는 비록 지금 현실은 고달파도 분명 내가 원하는 미래를 만들어 나갈 수 있으리라 믿었다.

나는 내 분야에서 최고가 되고 싶다는 꿈을 갖고 살았다. 그리고 그 꿈을 이루기 위해 누구보다 치열하게 노력했다. 어떻게 하면 내 분야에서 다른 경쟁자들과 비교해 빠른 결과를 낼 수 있을까, 수없이 고민했다. 나한테 글쓰기, 책 쓰기 교육을 받는 사람들이 단 1, 2개월 만에 원고를 쓰고 출판 계약을 할 수 있는 비법을 생각하고 또 생각했다. 자나 깨나 그 생각뿐이었다. 그 결과 내가 그토록 원했던 나만의 글쓰기, 책 쓰기 노하우를 정립할 수 있었다. 개인적으로 300권의 책을 기획 및 집필했던 경험이 큰 도움이 되었다. 나는 우리나라 최초로 책 출판, 책 쓰기 관련 특허를 가진 코치가 되었다. 나를 만나는 사람들 누구나 단 몇 개월 만에 원고를 완성하고 책을 출간하고 있다.

물론 과거의 나 또한 기대했던 것보다 성과가 저조할 때가 많았다. 이런 일이 잦아지자 나도 모르게 슬럼프에 빠졌다. 코치로 활동하기 전에는 책을 쓰고 강연하는 일이 정말 내 적성에 맞는 걸까, 생각한 적도 많았다. 물론 지금은 이런 어리석은 생각은 하지 않는다. 지금의 내 일은 나를 창조하신 신께서 내게 주신 천직이라는 것을 잘 알기 때문이다.

슬럼프를 극복하는 6가지 방법

노르웨이에서 학위를 마치고 서른도 안 된 나이에 세계 100대 대학인 중국 상하이 푸단대 교수가 된 위지안(于娟). 그녀는 북유럽의 친환경에너지 시스템을 중국에 도입하기 위한 국가프로젝트를 수행 중이던 2009년 10월 말기암 선고를 받게 되었다. 인생의 정점에서 시한부 선고를 받은 그녀는 아기 엄마로서, 젊은 학자로서 정신없이 달려온 짧은 인생 이야기를 2011년 4월 생을 마감할 때까지 블로그에 남기기 시작했다. 그 글들을 모아 엮은 책, 《내가 살아갈 이유》를 읽은 사람이라면 누구나 어떤 자세로 삶을 살아야 하는지, 한번 생각해보게 된다.

사실 고백하자면, 나는 이 책을 읽으면서 여러 번 눈물, 콧물을 닦아야 했다. 인생의 정점에 선 순간 말기암 선고를 받은 위지안의 사연이 너무나 안타깝고 가슴이 먹먹했기 때문이다. 위지안은 얼마 남지 않은 시간임에도 최선을 다했다. 그 모습에서 나는 인생의 목적을 찾은 인간이 얼마나 강한 존재인지 새삼 깨닫게 되었다.

아직도 책에서 찾은 그녀의 명언이 귓전을 생생하게 울린다.

"절대 포기하지 말 것. 우리에겐 오늘을 살아야만 하는 분명한 이유가 있으니까."

이외에도 나에게 힘이 되어준 책은 헤아릴 수 없을 정도로 많다. 나처럼 여러분도 힘들거나 좌절감이 들 때 책을 통해 위안과 용기를 얻기 바란다. 자신보다 더 힘든 상황에서도 꿋꿋하게 최선을 다해 사는 수많은 세상 사람들의 모습에서 큰 힘을 얻을 것이다.

꿈을 향해 나아가는 사람들에게 슬럼프는 성공을 가로막는 방해꾼이다. 슬럼프를 지혜롭게 극복해야 하는 이유다. 다음은 내가 사람들에게 조언하는 '슬럼프를 극복하는 6가지 방법'이다.

첫째, 꿈과 목표 재확인하기

자신의 꿈과 목표를 재확인할 필요가 있다. 슬럼프가 오는 가장 큰 이유는 꿈과 목표의 부재 때문이다. 즉, 꿈과 목표, 자신이 살아가는 이유를 잊고 좌절하는 순간 슬럼프가 찾아온다.

둘째, 계획 수정하기

기대에 못 미치는 결과가 자주 이어진다면 계획을 수정할 필요가 있다. 목표를 성취하는 방법은 다양하기 때문이다. 자신에게 맞는 방법을 찾는 것이 중요하다.

셋째, 긍정적인 사고 가지기

머릿속이 부정적인 사고로 가득하면 자신 있게 행동할 수 없다. 좋은 결과를 얻기 위해선 먼저 긍정적으로 사고해야 한다. 긍정적인 사고는 자신이 생각하는 것 이상으로 큰 힘을 발휘한다.

넷째, 자신감 가지기

자신감은 불안이나 두려움보다 힘이 세다. 그래서 자신감이 가득한 사람은 어떤 일이건 척척 잘해내게 된다. 지금부터라도 매사 자신감을 가지는 습관을 길러야 하는 이유다. 자신감을 가질수록 나 자신을 더 믿게 되고, 이는 자기 신뢰와 성공으로 이어진다.

다섯째, 부담감 줄이기

놀이하면서 스트레스를 받는 사람은 없다. 왜냐하면, 놀이는 어떤 부담감도 주지 않기 때문이다. 지금 하는 일을 눈부신 성공을 위한 과정으로 받아들이자. 부담감 대신 즐거움으로 일을 대한다면 기대 이상으로 큰 성과를 내게 된다.

여섯째, 나 자신에게 휴식 선물하기

조금도 쉬지 않고 치열하게 살다 보면 자신도 모르게 슬럼프에 빠지게 된다. 슬럼프라는 불청객은 심신이 지쳐있을 때 쉽게 찾아오기 때문이다. 이때 잠시 하던 일을 멈추고 산책을 하거나 평소 보고 싶었던 영화를 보는 것도 좋은 슬럼프 극복 방법이다. 나는 책을 읽으며 사색을 즐기곤 하는데, 그러다 보면 어느새 슬럼프가 사라져 버린다.

꿈이 없는 사람, 생각 없이 사는 사람이 아니라면 누구나 슬럼프라는 늪에 빠지게 된다. 슬럼프가 찾아오면 너무 예민하게, 심각하게 받아들이지 말자. 슬럼프는 내가 치열하게 살고 있다는 것을 알려주기 위해 찾아오는 것이다. 어쩌면 너무 치열하게 사는 바람에 중요한 것을 놓치고 있진 않은지 점검해보라는 인생의 메시지인지도 모른다. 그래서 나는 슬럼프를 더 나은 내가 되기 위해 앓는 성장통이라고 여긴다.

03

빠르게 부자 되는 독서법

"사람은 책을 만들고 책은 사람을 만든다."

– 교보문고 설립자, 신용호

"내 인생은 왜 이리 안 풀리는 걸까?"

"좀 더 나은 인생을 살기 위해선 어떻게 해야 할까?"

"시행착오를 줄일 수 있는 비결은 무엇일까?"

과거와 다른 삶을 살고자 한다면 책과 친해져야 한다. 그동안 수많은 사람이 독서를 통해 인생을 변화시켰다. 자신의 분야에서 최고가 된 사람들은 아무리 일정이 바쁘더라도 자투리 시간을 활용해 책을 읽는다. 그리하여 고민하던 문제의 해결책을 찾고, 때론 기회를 잡게 된 것이다.

세계 최고의 브랜드 파워를 지닌 '흥행의 귀재' 스티븐 스필버그 (Steven Spielberg) 영화감독. 그는 드림웍스 본사의 직원용 도서관을 웬

만한 대학도서관 수준으로 운영할 만큼 지독한 독서광으로 알려져 있다. 직원들에게 독서의 중요성을 강조하는 그는 스스로도 "나의 창조성과 상상력은 책이 없었다면 불가능했을 것"이라고 말한다.

나 역시 지금껏 수만 권의 책을 읽었다. 15년간 일기조차 제대로 써보지 않은 평범한 사람들 1,200명을 단 몇 개월 만에 작가로 만들어 배출했다. 유명한 작가, 코치, 상담가, 무자본 창업가, 유튜버 중 많은 이가 내가 코칭한 사람들이다. 몇 명을 예로 든다면 주이슬, 단희쌤, 안대장, 김우창, 아이스 강, 권민창, 김새해, 갓주아(이정은) 등이 있다. 《엄마의 돈공부》의 저자 이지영은 첫 책인 이 책의 목차를 만들지 못해 나를 찾아왔고, 나는 그녀에게 성심성의껏 도움을 제공했다. 평범한 사람이 작가가 되는 과정에서 읽게 되는 책이 수십 권에 이른다. 그 수십 권의 책은 코치인 내가 일일이 각자의 주제에 맞게 선정해 준 것들이다. 때로는 내가 먼저 책을 구매해서 읽어보고 선정해주기도 한다. 1,200명의 사람을 작가로 만드는 과정에서 내가 책을 몇 권가량 읽었을지 한번 생각해보라. 도무지 상상이 가지 않을 것이다.

과거 내가 책을 많이 펴냈을 때는 일 년에 20권 정도 되었다. 그렇게 많은 책을 쓸 수 있었던 것 역시 다양한 분야의 책을 읽은 덕분이다. 나는 책을 읽는 동안 다양한 아이디어들이 빛처럼 내 머릿속으로 날아드는 것을 느낀다. 이때 쓰고 싶은 책의 콘셉트를 떠올리기도 한다. 그동안 내가 쓴 책 가운데 베스트셀러와 해외에 저작권이 수출된 책들 모두 이렇게 해서 탄생한 결과물이다.

책 읽는 실력을 키우려면?

무조건 책을 많이 읽는다고 해서 인생에 도움이 되는 것은 아니다. 취미 독서가 아닌 생존 독서를 해야 하는 이유다. 그저 책 읽기에서 그친다면 진정한 독서라고 할 수 없다. 내가 독서법에 대해 말할 때 먼저 강조하는 것이 인생의 목적과 방향을 찾아야 한다는 것이다. 그러고 나서 자신이 이루고자 하는 꿈을 실현하는 데 도움이 되는 책들을 읽어야 한다. 내가 오래전부터 실천해온 수평 독서법과 수직 독서법이 있다. 수평 독서법은 관심 분야, 업무 분야에 대해 좀 더 폭넓게 알고 싶을 때 하는 독서법이다. 수평 독서법을 실천하면 관심 주제의 폭을 넓혀나갈 수 있다. 수직 독서법은 관심 분야와 업무 분야에 대해 좀 더 깊이 있게 알 수 있도록 도와준다. 한 주제의 책들을 10권에서 최대 30권 읽게 되니까. 한 분야의 전문가가 되고자 한다면 수평 독서법과 함께 수직 독서법을 실천해보길 바란다.

그러면 나처럼 한 분야에서 일인자가 될 수 있다. 나는 글쓰기와 책 쓰는 방법에 있어 많은 출판사가 인정하듯이 최고가 되었다. 내가 15년간 1,200명의 평범한 사람들을 단 2~3개월 만에 작가로 만들었던 비결이기도 하다.

다음은 책 쓰기 교육과정을 듣는 수강생의 말이다.

"첫해에는 닥치는 대로 100권, 그다음 해에는 필요한 분야의 전공 서적 50권, 그다음 해에는 고전 50권과 전공 서적 50권을 읽었더니 머리가 펑 뚫리는 느낌이었습니다. 그다음부터는 여러 분야의 사람들과 대화를 나누는 데 별 어려움을 느끼지 않게 되었습니다."

한 분야의 책을 100권 읽게 되면 전문가 이상의 지식을 갖추게 된다. 그 분야의 누구와도 막히지 않고 술술 대화하게 된다. 여기에다 고전 등 다양한 분야의 책을 읽게 되면 그 어떤 분야의 사람들과도 대화가 통하게 된다. 이것이 바로 책의 힘이다. 그런데 안타깝게도 책과 담쌓은 사람들이 너무나 많다. 그들은 시간이 흘러도 어제와 다를 바 없는 삶을 살아가게 될 뿐이다. 그런데도 힘든 현실을 바꾸기 위한 노력은 하지 않은 채 인생을 헛되이 흘려보낸다.

다산 정약용이 책 한 권을 자기 것으로 만든 방법

내 일이 글쓰기, 책 쓰기, 책 출판, 퍼스널 브랜딩 교육을 하는 일이어서 주변엔 작가들이 강가의 조약돌처럼 널렸다. 그들은 하나같이 책을 좋아한다. 물론 과거에는 일 년에 10권도 읽지 않은 사람들도 많았지만, 책을 쓰는 과정에서 책을 좋아하는 사람으로 변화되었다. 그들은 언제 어디서건 자투리 시간만 생기면 책을 펼쳐 든다. 책을 통해 늘 새로운 지식과 정보를 흡수한다. 그 결과 지금 하는 일에서 더 높은 성과 및 고수익을 창출해낸다.

주변을 보면 도통 책 읽을 시간이 없다고 불평하는 사람들이 있다. 그러면서 틈만 나면 스마트폰으로 카카오톡 메시지를 주고받는다. 그리고 유튜브 영상을 보면서 아까운 자투리 시간을 수돗물처럼 흘려보낸다. 물론 그들은 시간이 있어도 책을 읽지 않는다. 대신 방에서 밀린 잠을 자거나 친구들이나 동료들과 술집에서 술잔을 기울인다. 그러니 항상 삶이 제자리걸음일 수밖에 없다.

다산 정약용은 조선 후기 사회 실학을 대표하는 학자다. 그는 평생 500권 이상의 책을 썼는데, 대부분 사회의 올바른 개혁을 바라는 내용을 담고 있다. 1800년 정조가 세상을 떠나자 그는 전라도 강신으로 귀양을 가게 되었다. 정약용의 나이 마흔 살에 시작된 귀양살이는 그 후 18년 동안이나 계속되었다. 20년에 가까운 세월을 가족과 떨어져 살면서 그는 두 아들에게 아버지로서 가르치고 싶은 것들을 편지로 써서 보냈는데, 그리고 그 가운데는 독서에 관한 내용이 많다.

첫째, 독서를 할 때는 먼저 마음속에 확고한 생각이 있어야 한다.

둘째, 책을 읽을 때 중요한 내용은 가려 뽑아 따로 정리해 두는 습관을 길러야 한다.

셋째, 독서를 할 때는 뜻을 분명하게 파악해야 한다.

넷째, 독서야말로 사람이 하는 일 가운데 가장 깨끗한 일이다.

다섯째, 너희들이 책을 읽는 것이야말로 이 아버지의 목숨을 살리는 일이다.

독서의 중요성은 아무리 강조해도 지나치지 않다. 독서로 인생을 변화시킨 사람들만 봐도 왜 독서를 해야 하는지 잘 알 수 있다. 사실 성공과 실패는 책을 읽느냐 읽지 않느냐에 달려 있다고 해도 과언이 아니다. 그래서 '훌륭한 책 한 권이 사람을 만든다'라는 말이 생겨난 것이다.

독서는 인생을 변화시키는 자기혁명이다

독서는 인생을 바꾸기 위한 필수조건이다. 나는 어느 분야에서 일하든 한 달에 책을 5권 이상은 읽어야 한다고 생각한다. 책을 읽으면 뇌가 활성화될 뿐 아니라 의식 수준이 높아진다. 자연스레 폭넓은 사고를 하게 되고 세상을 보는 시야가 넓어진다. 지금 하는 일에서 성과를 발휘하게 되는 것은 물론, 그동안 보지 못했던 기회를 발견하게 된다.

책과 거리가 먼 사람이 처음 독서를 시작할 때는 귀찮고 힘들게 여겨질 것이다. '왜 이렇게 사서 고생해야 하나'라는 생각이 들지도 모른다. 그러나 그런 고통을 견디면서 꾸준히 책을 읽게 되면 놀라운 일들이 일어나기 시작한다. 그동안 돌처럼 굳어 있던 뇌가 부드러워지면서 넓은 사고를 할 수 있게 된다. 그동안 해왔던 것과는 차원이 다른 생각, 창조적인 사고를 할 수 있게 된다는 말이다. 같은 시간을 일하더라도 더 효율적, 생산적인 결과를 얻을 수 있음은 물론이다.

무엇보다 중요한 것은 그동안은 밥벌이, 즉 생존에만 치중해서 살았다면, 이젠 자신이 오늘을 살아가는 이유, 인생의 목적을 찾게 된다. 그러니 당연히 의식이 성장할 뿐 아니라 더 나은 삶을 살게 되는 것이다. 아무리 바쁘더라도 한 달에 5권 이상은 책을 꼭 읽어보자. 책을 가까이하는 시간은 절대 낭비가 아니다. 독서는 미래를 바꿔주는 티켓이다. 인생을 변화시켜 주는 자기혁명이다. 꾸준히 책을 읽으면서 그 책에 담겨 있는 내용을 하나씩 실천해보자. 그러다 보면 모르는 사이에 정말 많이 달라진 자신의 모습을 보고 깜짝 놀라게 될 것이다.

04

10,000권 넘게 읽고 알게 된, 절대 실패하지 않는 독서법

"내가 세계를 알게 된 것은 책에 의해서였다."

– 실존주의 철학자, 사르트르(Jean Paul Sartre)

과거에 꿈꾸었던 인생을 사는 사람과 그렇지 않은 사람 사이에는 분명한 차이가 있다. 그 차이는 그들이 읽는 책에서 찾을 수 있다. 전자는 자신의 잠재력과 가능성을 찾게 해주는 책들 위주로 읽는 경향이 짙다. 반면에 후자는 아예 책을 읽지 않거나 자신의 인생에 전혀 도움이 되지 않는 책들을 주로 읽는다. 사람은 읽는 책 내용대로 만들어진다. 긍정적인 사고를 하게 해주는 책들 위주로 읽으면 힘든 상황 속에서도 용기를 잃지 않게 된다. 책을 통해 강한 동기부여를 받기 때문이다.

나는 세상에 두 가지 종류의 책이 있다고 생각한다. 처음부터 끝까지 읽어야 할 책과 그냥 훑어볼 책이다. 이를 잘 구분해서 읽어야 한다. 처음부터 끝까지 읽어야 할 책은, 퍼스널 브랜딩, 무자본 창업을 위해 글쓰기, 책 쓰기를 할 때 제목과 목차에 활용할 콘텐츠에 도움이 되는 책들이다. 이외에 내가 너무나 많은 관심이 있는 의식성장, 영적성장에 관한 책들이다. 훑어볼 책은, 책을 쓸 때 원고 속에 들어갈 참고 사례를 싣고 있거나, 과거에 읽었던 책을 다시 읽을 때 도움이 되는 책들이다.

책을 읽을 때 독서 노트는 사용하지 않는 것이 좋다. 독서 노트를 들고 거창하게 책을 읽으시는 분들을 보면 안타깝다 못해 미련하다는 생각이 든다. 독서할 때 독서 노트를 사용하면 도움이 된다는 말을 여기저기에서 듣고 실천해 봐도 실질적인 도움이 되지 않기 때문이다. 독서 노트에는 명문장, 감동적인 문장, 책을 읽으며 느꼈던 자기 생각과 느낌, 깨달은 점 등을 메모하게 된다. 하지만 그 노트를 다시 들춰보는 사람은 거의 없다. 대부분 독서 노트가 어디에 처박혀 있는 아예 찾지도 못한다. 왜 그런 쓸모없는 짓을 하는지 나는 정말 모르겠다.

책의 면지와 페이지의 여백을 독서 노트로 활용하라

지금부터 내가 알려주는 방법으로 책에다 메모해보라. 독서 노트를 만드는 것보다 100배나 효과가 있다. 무엇보다 빠르고 간편해서 좋다. 책을 읽다 가슴 뛰는 문장이나 깨달음을 주는 내용이 있으면 여러 가지 색깔의 볼펜이나 형광펜으로 표시해 두자. 그리고 추후 다시 읽고 싶은 부분이 있으면 포스트잇을 붙여두고, 책을 읽을 때 떠오르는 생각이나 느낌, 아이디어가 있다면 책의 여백에다 바로 메모하자. 좋은 아이디어가 떠올랐을 때 보통은 메모지를 찾느라 허둥대다가 그 아이디어를 잊어버리는 경우가 많기 때문이다. 한편, 책을 읽으며 내 것으로 만들고 싶거나 실천해보고 싶은 내용이 있으면 그 페이지 귀퉁이를 살짝 접어두자.

나는 당신에게 책의 면지와 페이지의 여백을 독서 노트로 활용하라고 조언하고 싶다. 책의 면지는 책의 표지 앞과 비어 있는 뒷부분 종이 두 장을 말한다. 여기에다 명언, 좋은 문구, 영감과 아이디어를 적는 것이다. 그러면 굳이 번거롭게 독서 노트를 들고 다닐 이유가 없다. 같은 책을 여러 번 읽고, 사색하게 되면, 그 과정에서 자신의 경험치와 화학작용을 일으켜 깨달음이나 지혜가 생겨나게 된다. 우리가 책을 읽는 이유는 이것 때문이라고 해도 과언이 아니다.

독일 문학의 거장 마르틴 발저(Martin Walser)는 "사람은 자신이 읽은 것으로 만들어진다"라고 말했다. 그 사람의 미래는 지금 그가 읽고 있는 책을 보면 알 수 있다. 성공학에 관한 책을 탐독하고 있다면 그는 성공에 대한 열망이 강한 사람이다. 그런 사람은 매사 꿈을 이루기 위해 최선을 다하게 된다. 때로 시련과 역경이 닥쳐도 좌절하기보다 그 속에서 지혜를 얻고자 한다. 그러니 성공할 수밖에 없는 것이다.

한 주제의 책을 30권만 읽으면 전문가가 된다

가장 존경받는 정치가이자 영국 총리였던, 윈스턴 처칠(Winston Churchill). 어린 시절 그는 학교 부적응아였지만 이후 많은 책을 쓴 저술가이자 웅변가로 명성을 떨쳤다. 그런 그가 언젠가 자신의 가장 큰 즐거움은 독서였다고 술회했다. 그는 철학, 경제, 정치학 등 고전독서를 통해 훗날 격조 높은 문장과 연설문을 남길 수 있었다. 또한, 《세계의 위기》,

《제2차 세계대전》 등을 저술해, 정치인으로서는 극히 드물게 1953년 노벨문학상을 받는 쾌거를 이루었다.

만약에 처칠이 책을 가까이하지 않았다면 그는 어떤 인생을 살았을까? 난독증을 앓았던 그는 글을 제대로 읽을 수 없는 탓에 제대로 된 해석 또한 할 수 없었다. 그 결과 성적은 늘 하위권을 맴돌았다. 이런 그를 세계적인 정치가로 발돋움시킨 건 바로 독서의 힘이었다. 그래서 그는 자주 사람들에게 자신의 성공비결은 독서라고 말했던 것이다.

가능하다면 한 분야의 책을 깊이 읽는 것이 좋다. 한 주제의 책을 30권만 읽는다면 전문가의 경지에 오를 수 있다. 책 속에 녹아 있는 작가들의 지식과 경험, 노하우, 철학을 내 것으로 만든다면 그만큼 세월과 노력을 아낄 수 있다.

저명한 교육학 박사이자 시치다 차일드아카데미 교장인 시치다 마코토(しちだ まこと)는 공저《성공한 사람들의 독서습관》에서 이렇게 말한다.

"한 달에 적어도 30권에서 50권의 책을 읽기 바란다. 가령 평균 3권을 읽는 사람이 있다면 그 사람은 전혀 읽지 않는 사람보다 3배 이상 살아 있는 지혜나 지식을 익힐 수 있을 것이다. 따라서 30권을 읽는 사람은 월평균 3권을 읽는 사람보다 10배의 지혜나 지식을 얻게 된다. 그러면 그 차이는 분명하게 드러난다."

이 말은 일리가 있다. 다독가들과 대화해 보면 대화에 막힘이 없다는 걸 알 수 있다. 그런 만큼 그들과 어떤 주제로도 자연스럽게 대화할 수 있다. 다양한 주제의 대화가 가능하다는 말은 그만큼 박학다식하다는 의미다. 또한, 그만큼 유연하게 사고할 수 있기 때문에 그렇지 않은 사람들에 비해 훨씬 창의적이다.

서두르지 말고 천천히 그러나 뜨겁게 읽어라

여러분이 책을 읽어야 하는 또 다른 이유가 있다. 아무리 거창한 꿈일지라도 어느 순간 망각하게 된다. 당장 꿈보다 덜 중요하지만 시급한 일들이 생겨나기 때문이다. 이럴 때 자신이 꿈꾸는 분야의 책을 읽는 것은 꿈에 대해 다시 한번 생각하고 마음을 다잡는 계기가 된다.

사람은 읽는 대로 만들어진다. 자신이 가고자 하는 분야의 정상에 선 사람들의 성공 스토리가 담겨 있는 책 위주로 읽어보라. 최고가 되기 위해선 그에 걸맞은 노력을 기울여야 한다는 것도, 대가를 치러야 한다는 것도 알게 될 것이다. 그들이 쓴 책들을 가까이하는 만큼 당신의 미래 역시 그들과 닮아가게 된다.

마지막으로 조선조 최고의 개인 장서가 최한기의 말을 곱씹어보길 바란다.

"이 책 속에 나오는 사람이 나와 동시대에 사는 사람이라고 한다면 천 리를 떨어져 있어도 찾아가야만 할 텐데, 지금 나는 아무 수고도 하지 않고 가만히 앉아서 그를 만날 수 있다. 책 구매에 돈이 많이 든다고 한다지만 식량을 싸 메고 먼 여행을 떠나는 것보다야 훨씬 나은 게 아니겠느냐?"

Tip _ 생산적인 독서 방법

첫째, 책을 읽는 것보다 더 중요한 것은 이해하는 것이다.

독서의 중요성이 주목받으면서 책 읽기에 시간을 투자하는 사람들이 많다. 그러나 제대로 된 독서를 하지 못하면 시간 낭비가 될 수 있다. 그러지 않으려면 읽는 책의 권수에 연연해선 안 된다. 읽은 책의 권수에 연연하게 되면 오로지 책의 권수를 많아 보이게 하려는 욕심에 책을 대충 읽게 된다. 아무리 좋은 책이라도 전하는 메시지를 제대로 이해하지 못한다면 올바른 독서가 아니다. 단순히 '책을 읽었다'라는 개념에서 '책을 이해했다'라는 개념으로 발전해야 한다.

둘째, 목적성을 갖고 독서한다.

책을 읽기 전에 먼저 이 책을 '왜' 읽을 건지 고민하는 자세가 필요하다. 독서의 목적이 달라지면 책을 읽는 방법도 달라진다.

셋째, 도서 목록을 일방적으로 따르지 않는다.

도서 목록을 일방적으로 따르기보다는 추천 도서 중에서 자신에게 필요한 책을 골라 읽는 것이 좋다. 도서 목록을 일방적으로 따르다 보면 어쩔 수 없이 읽게 되는 수동적인 독서가 된다. 이런 독서 방식은 효율성이 떨어져 자칫 시간 낭비로 이어질 수 있다.

넷째, 독서 기록은 책 속 페이지의 여백에 남긴다.

책을 읽다 보면 수시로 생각이나 아이디어, 느낌이 떠오른다. 이때 독서 노트에 메모하기보다 그 책의 페이지 여백에 그것들을 적어놓자. 독서 노트에 메모하는 경우, 시간이 많이 흐르다 보면 대부분 독서 노트를 찾지 못하는 일이 발생한다. 무용지물이 되어 버리는 것이다. 반면, 페이지 여백에 메모한다면 그 책을 잃어버리지 않는 한 언제까지나 들춰볼 수 있다. 그러니 책 한 권을 다 읽고 나면 그 책은 아이디어 창고, 보물창고가 되어 있을 것이다.

05

많이 읽지 말고
제대로 읽어라

"당신은 책이라는 것을 좋아하지 않을지도 모른다.
그런 당신은 분명히 생활 속에서 부질없는 야심과 쾌락의 추구에만
열중하고 있을 것이다. 그러나 세상은 당신이 생각하는 것보다
훨씬 광범위한데, 그 세계가 책에 의해 움직이고 있다."

– 프랑스 소설가, 볼테르(Voltaire)

세상에는 흙수저, 무스펙으로 시작했지만 크게 성공한 사람들이 많다. 현재 그들이 서 있는 곳은 너무나 높고 화려해 처음부터 비범한 사람이었던 것처럼 느껴지기도 한다. 하지만 그들의 시작은 초라하다 못해 비참했다. 하지만 가족은 물론 친구들, 주위 사람들이 불가능하다며 부정적인 말을 하고 비난할 때도 그들은 자신의 길을 꿋꿋이 걸어갔다. 자신의 꿈을 이룬 사람들이 모두 그러하듯이 그들 역시 평범한 사람은 죽었다 깨어나도 경험하지 못할 숱한 시련과 역경을 극복해야 했다.

나는 그들이 성공할 수 있었던 비결 가운데 하나로 독서를 꼽는다. 어린 시절, 그들은 몸에 밴 독서습관으로 인해 다양한 지식과 정보, 지혜를 갖출 수 있었다. 또한, 이를 통해 주어진 기회를 잘 활용할 수 있

었다. 책 속에는 당신이 만나는 사람들에게서 들을 수 없는 값진 조언이 담겨 있다. 감히 돈으로 환산할 수 없는 귀중한 지혜와 깨달음이 담겨 있다. 시행착오를 줄여주거나 어려운 문제에 대한 해결책을 알려주는 비법이 담겨 있다.

성공자들은 한결같이 "책이 가장 좋은 스승이었다"라고 말한다. 그렇다면 책을 읽었을 때 어떤 좋은 점이 있을까?

- 가슴이 따듯한 사람이 된다.
- 계획성 있는 사람이 된다.
- 동기부여가 된다.
- 관심의 폭이 넓어진다.
- 부정적 사고를 긍정적 사고로 전환할 수 있다.
- 꿈이 생긴다.
- 꿈을 망각하지 않는다.
- 교훈을 얻을 수 있다.
- 슬럼프가 찾아왔을 때 지혜롭게 극복할 수 있다.
- 노력하는 사람이 된다.

이외에도 다양한 좋은 점들이 있다. 나는 나날이 발전하는 사람이 되기 위해선 꼭 책을 읽어야 한다고 말한다. 책을 읽다 보면 나보다 더 힘든 여건 속에서도 꿈을 이룬 사람들의 이야기를 접하게 된다. 그런 이야기들이 나도 모르게 나에게 자극을 주고 더욱 노력하게 만든다.

독서, 좀 더 멋진 삶을 살기 위한 자극제로 삼아라

나는 독서의 힘에 대해 누구보다 잘 알고 있다. 부모님은 나를 낳으셨지만 나를 성공으로 이끈 것은 다름 아닌 책이었기 때문이다. 사실 우리에게 널리 알려진 사람들, 즉 정치가든, 학자든, 예술가든 모두 독서를 즐겼다는 것을 알 수 있다. 이 말은 달리 말하면 천재나 위인은 타고나는 게 아니라는 의미이리라. 그들에게는 독서를 통한 자기 노력이 있었기에 자신의 분야에서 한 획을 그을 수 있었다.

독서는 좀 더 멋진 삶을 살기 위한 자극제가 된다. 평소 꿈이 없었던 사람이 어떤 책을 읽은 것을 계기로 가슴 뛰는 꿈을 품게도 된다. 방탕하게 살던 사람이 책을 통해 건실하게 살게 되기도 한다. 이렇게 성공과 책은 절대 떨어질 수 없는 불가분의 관계다.

그렇다면 어떤 자세로 책을 읽어야 할까, 라는 질문을 떠올릴 수 있겠다. 주자학을 체계화한 이황은 어려서부터 독서광이었다. 독서에 대한 자기 나름의 혜안과 철학을 가지고 있던 그에게 하루는 제자가 독서에 관해 물었다. 그러자 그는 이렇게 말했다.

"글이란 정신을 차려서 수없이 반복해서 읽어야 한다. 한두 번 읽어보고 뜻을 대충 알았다고 해서 그 책을 그냥 내다 버리면 자기 몸에 충분히 배지 못해서 마음에 간직할 수가 없다. 이미 알고 난 후에도 그것을 자기 몸에 배도록 더 공부해야만 비로소 마음속에 간직할 수 있다. 그래야만 학문의 참된 뜻을 알고 마음에 흐뭇함을 느끼게 되는 법이다."

이 말에 공감한다. 책을 건성으로 읽거나 한 번 보고 책장에 꽂아둔다면 책 속에 깃들어 있는 보물을 내 것으로 만들지 못한다. 중요하거나 감명받은 문구에 밑줄도 치고 포스트잇도 붙이면서 여러 번 읽을 때 책 속에 담겨 있는 지식과 지혜를 내 것으로 만들 수 있다. 또한, 그 책이 더 치열하게 살아라, 라고 조언해주는 자극제가 되기도 한다.

"책을 통해 나는 인생에 가능성이 있다는 것과 세상에 나처럼 사는 사람이 또 있다는 걸 알았다. 독서는 내게 희망을 줬다. 책은 내게 열린 문과 같았다."

'토크쇼의 여왕'이라 일컬어지던 오프라 윈프리(Oprah Gail Winfrey)의 말이다. 미혼모의 딸로 태어난 그녀는 지독한 가난에다 인종 차별, 폭력으로 점철된 불행한 어린 시절을 보내야 했다. 그녀는 마약을 하기도 했으며, 몸무게가 100kg이 넘은 적도 있었다. 그런 그녀가 현재 미국에서 가장 성공한 여성 가운데 한 사람으로 손꼽힌다. 2005년 유엔은 윈프리를 '올해의 세계 지도자상' 수상자로 선정했으며, 미국의 시사주간지 〈타임〉도 '2004년 세계에서 가장 영향력 있는 인물 100인' 명단에 그녀의 이름을 올려놓았던 바 있다.

힘든 어린 시절을 보낸 그녀가 어떻게 지금과 같은 성공을 이룰 수 있었을까? 이 질문에 그녀는 주저 없이 '독서'라고 대답한다. 그녀는 어린 시절부터 책을 가까이했다. 그녀의 엄마는 책을 읽지 말라고 구박했지만, 그녀는 책을 손에서 놓지 않았다. 그녀는 책을 통해 세상에는 자신보다 더 힘든 상황에서도 용기와 희망을 잃지 않고 노력해서 성공한 사람들의 이야기를 접했다. 그리고 자신 역시 그들처럼 할 수 있다는 긍정적 사고로 전환하고 꿈에 도전했다. 그 결과 지금의 인생을 창조할 수 있었다.

왜 어제와 똑같은 오늘을 사는가?

당신은 어제와 다른 삶을 살고자 하는 바람을 갖고 있다. 가슴에 품고 있는 꿈을 성취하고 더 나아가 경제적 자유인이 되고 싶은 생각도 가지고 있을 것이다. 이런 소망은 비단 당신뿐만 아니라 사람들 대부분의 바람이기도 하다. 그러나 그러기 위해선 자신이 꿈꾸는 삶에 대한 강한 믿음과 끊임없는 노력이 전제되어야 한다. 말이야 쉽지, 그 노력이라는 게 절대 쉽지가 않다. 때때로 쉬고 싶고, 포기하고 싶은 유혹에 시달리기 때문이다. 종종 멈추고 싶은 유혹에 시달릴 때 당신과 같은 길을 걸어간 성공자들의 책을 펼쳐보라. 책 속에 담겨 있는 그들의 성공 스토리가 위안이 되어주기도, 용기를 북돋워주기도 할 것이다. 그리하여 포기하려던 당신을 일으켜 세워 당신을 다시 한번 고군분투하게 해줄 것이다.

문득 책을 통해 인생을 바꾸었다는 한 경영자의 말이 떠오른다.

"처음에는 무료해서, 문제를 해결하려 책을 읽곤 했습니다. 그러는 사이 나도 모르게 책 읽는 즐거움에 빠져들었고 문제의 답도 책에서 찾게 되었지요. 지금처럼 내가 사람 구실을 하며 살게 된 건 책 덕분이라고 해도 과언이 아닙니다."

GETTING
BETTER

GETTING
BETTER

Part 4

아무리 열심히 살아도
가난하다면

퍼스널 브랜딩

01

책을 쓰고 싶다면
반드시 알아야 할 것

"나는 중요한 일을 이루려 노력할 때 사람들의 말에
너무 신경 쓰지 않는 것이 바람직하다는 사실을 깨달았다.
예외 없이 이들은 안 된다고 공언한다.
하지만 바로 이때가 노력할 절호의 시기다."

– 미국 제30대 대통령, 캘빈 쿨리지(Calvin Coolidge)

우리나라 젊은 작가들 가운데 나보다 더 많은 책을 펴낸 사람은 없을 것이다. 나는 15년 동안 평범한 사람들을 교육해 1,200명을 작가로 만들었다. 그들 모두에게 맞는 주제와 목차를 기획해주었다. 책을 쓸 때 가장 중요한 게 기획이다. 나는 글쓰기, 책 쓰기 교육은 기본이고 교육생들에게 맞는 주제를 잘 선정하기도 한다. 이는 그동안 내가 개인적으로 300권의 책을 기획 및 집필했기에 가능한 것으로 생각한다. 그렇다면 수강생들 책까지 합해 1,400권 정도의 책을 기획했다고 말해도 무방할 것이다.

그동안 나를 만난 많은 사람이 내게 원래부터 글을 잘 쓰지 않았느냐고 묻곤 했다. 그러지 않고서야 어떻게 그렇게 많은 책을 쓸 수 있고, 또 1,000명이 넘는 보통 사람들을 작가로 만들 수 있느냐고 반문

하면서. 내가 당신에게 하나 물어보겠다. 작가는 타고나는 것일까, 아니면 만들어지는 것일까? 사람들 대부분은 작가는 만들어지기보다 타고난다고 생각한다. 그렇게 생각하는 이유로 나는 다음 3가지를 꼽는다.

첫째, 주위에서 쉽게 작가를 찾아볼 수 없다.
둘째, 어렸을 때부터 작가는 아무나 할 수 없는 직업이라는 말을 들었다.
셋째, 노력은 하지 않은 채 스스로 글을 못 쓴다고 단정 짓는다.

사실 보통 사람들 주변에서 작가를 만나기란 쉽지 않다. 서점에서 구매한 책을 통해 작가들을 간접적으로 만나볼 뿐이다. 우리는 어렸을 때부터 작가는 특별한 사람만이 가질 수 있는 직업이라는 말을 들으며 자랐다. 그리고 글을 잘 쓰기 위한 노력은 하지 않은 채 자신은 글쓰기 재주가 없다고 단정 짓는다. 그래서 자연스럽게 글쓰기가 아무나 할 수 없는 일이라고 잠재의식에 새겨진 것이다.

글쓰기 실력은 선천적이기보다 후천적인 노력으로 길러진다

나 역시 20대까지만 하더라도 작가는 타고난다고 여겼다. 그래서 책을 쓰는 사람들, 특히 베스트셀러 작가들을 보며 대단한 능력을 갖춘 사람들이라고 생각했다. 그러나 지금은 그렇지 않다. 나는 소수의 작가만이 필력을 갖고 태어난다고 믿는다. 반면 나를 비롯한 대부분의 작가들은 꾸준한 노력을 통해 글쓰기 실력을 갖추게 된다. 그동안 내가 쓴 수많은 책이 베스트셀러가 되었다. 내가 쓴 책들 가운데 여러 권은 해외 다른 나라에 저작권이 수출되어 그 나라의 언어로 번역 출판되기도 했다. 그리고 내게서 책 쓰기 교육을 받은 수많은 수강생의 책들이 베스트셀러 목록에 오르기도 했다. 내가 글쓰기 실력은 절대 타고나지 않는다고 자신 있게 말할 수 있는 이유다.

필력이 태어날 때부터 주어지는 것이라면, 불후의 명작을 남긴 작가들은 아무런 어려움 없이 원고를 책으로 출간했을 것이다. 쉽게 세계적인 작가가 되었을 것이다. 그러나 절대 그렇지 않다. 명성이 자자한 작가일수록 누구보다 혹독한 시련을 견뎌내야 했다. 그래서 나는 글쓰기 실력은 선천적이기보다 후천적인 노력으로 길러진다고 말한다.

명작소설 《바람과 함께 사라지다》의 저자인 마거릿 미첼(Margaret Mitchell). 미국 최고의 이야기꾼으로 불렸던 그녀 역시 끈질긴 노력과 도전을 시도하지 않았다면 책을 펴낼 수 없었을 것이다. 자칫했으면 우리는 그녀의 소설을 만나지 못했을지도 모른다. 처음에 작가가 무명이라는 이유로 어느 출판사도 1,037페이지 분량의 이 작품을 출판하려고 하지 않았기 때문이다.

그녀가 책을 출간하기로 마음먹은 1930년대는 대공황 발발로 불황이 만성화되어 경제가 침체기를 겪고 있었다. 그런 만큼 작가 지망생의 책을 내는 것은 매우 위험한 모험과 같았다. 그러나 그녀는 출판사가 자신을 외면한다고 해서 힘들게 집필한 원고를 포기하지 않았다.

그녀는 3년 동안 원고 뭉치를 들고 이 출판사, 저 출판사를 전전했다. 이 사람, 저 사람 손을 거친 원고는 닳고 닳아, 너덜너덜해질 정도였다.

어느 날, 그녀가 살고 있던 애틀랜타의 지방신문에 '뉴욕 맥밀런 출판사 사장 레이슨이 애틀랜타에 왔다가 기차를 타고 돌아간다'라는 단신이 실렸다.

기사를 본 그녀는 곧장 기차역으로 달려갔다. 다행히도 레이슨이 탄 기차가 떠나기 전이었고, 그녀는 기차에 막 오르던 그를 잡고 말했다.

"제가 쓴 소설입니다. 한 번만 읽어주세요. 읽어보시고 관심 있으시면 연락 주세요."

피로에 절어 있던 레이슨은 귀찮다는 표정으로 원고를 가방에 집어넣었다. 그동안 일을 처리하느라 피곤해서 엄청난 페이지의 원고를 펴 볼 엄두가 나지 않았던 것이다.

기차가 출발한 지 2시간가량 지났을 때 레이슨에게 전보 한 장이 전해졌다.

"레이슨 사장님, 원고 읽어보셨어요? 아직 안 읽으셨다면 첫 페이지라도 읽어주세요."

전보를 받아 든 레이슨은 잠시 놀랐지만, 원고를 힐긋 쳐다보기만 했을 뿐 관심 밖이었다. 기차가 다시 뉴욕을 향해 달리고 있을 즈음 같은 내용의 전보가 또 그에게 전달되었다. 그때도 별 반응을 보이지 않는 그에게 다시 세 번째 전보가 전해졌다. 그제야 그의 마음이 움직이기 시작했다. 호기심이 생긴 것이다.

마침내 레이슨은 원고를 읽어보기 시작했다. 레이슨은 원고에서 눈을 떼지 못하고 이야기 속으로 빠져들었다. 이렇게 해서 불후의 명작 《바람과 함께 사라지다》가 세상에 나올 수 있었다.

작가는 스스로의 노력으로 만들어진다

400만 독자를 울린 초대형 베스트셀러 《연탄길》의 작가 이철환. 그의 책을 읽으면 감동으로 가슴이 따뜻해지는 것을 느낄 수 있다. 그래서 사람들은 그가 본래부터 타고난 작가라고 착각한다. 그러나 그 역시 7년 동안 주변에서 들은 이야기들을 모아 펴낸 《연탄길》을 출간하기까지 출판사에서 다섯 번의 퇴짜를 맞아야 했다. 그에게도 여느 유명 작가들이 겪어야 했던 절망의 시간이 있었던 셈이다. 오랜 시간 원고를 쓰고 직접 삽화를 그리는 과정에 그에게 우울증이 찾아왔고, 엎친 데 덮친 격으로 이명까지 들리면서 그는 견딜 수 없을 만큼 극심한 절망에 빠지기도 했다. 그럼에도 불구하고 그는 포기하지 않고 원고를 수없이 고치고 또 고쳐 썼다. 그리고 마침내 원고의 가치를 알아본 출판사와 인연이 되어 책으로 출간될 수 있었다.

소설가 남지심 씨가 있다. 그녀는 전 4권으로 구성된 소설 《우담바라》로 무명 작가에서 베스트셀러 작가로 거듭났다. 150만 부 이상 팔려 밀리언셀러 반열에 올랐는가 하면 영화로도 제작되어 인기리에 상영되기도 했다.

36세의 늦은 나이에 데뷔한 그녀가 소설가가 되어야겠다고 결심하게 된 데는 어떤 계기가 있었다. 어느 날 어느 일간지에서 소설가 박완서 씨가 마흔 살이 넘어 등단했다는 기사를 읽게 되었다. 그 순간 그녀에게 나도 한번 해보고 싶다는 욕망이 파도처럼 밀려왔고, 그녀는 바로 소설 구상에 들어갔다.

그리고 지독한 글쓰기 끝에 한 달 만에 1,200매의 소설을 완성하고 〈여성동아〉 장편소설 공모에 응모해 당선되었다. 당신은 '어떻게 한 달 만에 1,200매의 소설을 쓸 수 있지? 그것 봐, 필력을 타고났잖아'라고 생각할지도 모르겠다. 그러나 그녀는 소설을 쓰기 전에 이미 글을 쓰기 위한 준비가 되어 있었다. 그녀에겐 한 달 만에 소설을 쓸 수 있었던, 엄청난 독서량이라는 남다른 노하우가 있었다. 어려서부터 책 읽기가 습관화된 그녀는 여고 1학년 때 크리스마스 선물로 받은 2,000페이지 분량의 톨스토이 작품 《인생독본》을 모두 외워버렸을 정도였다.

작가와 독서는 떼려야 뗄 수 없는 불가분의 관계다. 작가치고 독서를 하지 않는 사람은 없다. 반대로 독서를 하지 않는 사람 가운데 글을 잘 쓰는 사람은 없다. 남지심 씨가 소설가가 될 수 있었던 데는 엄청난 독서량이라는 원천이 있었던 셈이다.

작가는 특별한 사람만이 될 수 있다는 생각을 버려라

소설가 백영옥 씨가 있다. 그녀는 첫 소설집 《아주 보통의 연애》 출간을 시작으로 《스타일》, 《다이어트의 여왕》 등의 책을 펴냈다. 그녀는 처음부터 잘나가는 소설가는 아니었다. 작가의 꿈을 실현하기 위해 글을 쓰면서 카피라이터, 서점 에디터, 패션지 기자 일을 병행해야 했다. 그러다 《스타일》로 2008년 1억 원 고료의 세계문학상을 받으며 스포트라이트를 받았다. 《스타일》은 30만 부 이상 팔렸는데, 김혜수, 이지아, 류시원 주연의 드라마로도 만들어졌다. 그야말로 인생역전을 이루어낸 셈이다. 평범한 직장인에서 단숨에 베스트셀러 작가가 된 신데렐라 스토리의 주인공이 된 것이다.

지금은 유명 작가가 되었지만 지금의 자리에 도달하기까지 그녀는 피나는 노력을 기울여야 했다. 사실 그녀는 2006년 문학동네 신인상을 받기 전 13년간 주야장천(晝夜長川) 신춘문예에 응모했지만 떨어진 아픔을 겪었다. 그녀의 말에 의하면 백 번 넘게 응모해서 다 떨어진 것이다. 그녀는 떨어질 때마다 혼자서 서럽게 울곤 했다. 30세를 넘어가면서는 소설이 안 되니, 드라마 대본이나 영화 시나리오를 써야 하나, 고민하기도 했다. 하지만 그녀는 단 한 번도 자신의 꿈에 대해서는 의심하지 않았다. 보통 사람 같았으면 자신에게 소설 쓰는 능력이 부족하다며 포기했을 만도 하지만 그녀는 그러지 않았다. 오히려 더 치열하게 소설 쓰기에 매달렸다.

그녀는 "나는 그래도 운이 좋았다. 기회가 왔을 때 준비가 되어 있었고, 그래서 그 기회를 잡을 수 있었으니까. 그건 열정의 크기와 관련된 것 같다"라고 말했다.

《아주 보통의 연애》 작가의 말에는 다음과 같은 문장이 있다.
'무수히 많은 실패를 견디게 했던 것도 결국 쓰고자 하는 열망이었다.'

작가는 타고나는 것이 아니라 만들어진다. 유명 작가일수록 지금의 자리에 오르기까지 지독한 노력은 물론 시련을 감내해야 했다. 마거릿 미첼, 이철환, 남지심, 백영옥을 보며 어느 누가 엄마 배 속에서부터 필력을 가지고 태어났다고 말할 수 있을까?

분명히 말하지만, 이 책을 읽고 있는 당신도 작가가 될 수 있다. 다만 작가가 되겠다는 강렬한 꿈과 독서습관, 지독한 노력이 전제되어야 한다. 이 세 가지가 작가로 거듭나는 데 필수 준비물이기 때문이다. 진담 반, 농담 반으로 말하지만 나에게 글쓰기, 책 쓰기 교육을 받는다면 앞서 말한 세 가지가 부족하더라도 단 몇 개월 만에 작가가 될 수 있다. 나는 절대 보통 사람, 보통 코치들은 알 수 없는 글쓰기, 책 쓰기 원리와 기술을 보유하고 있기 때문이다.

작가는 타고나는 것이 아니라 스스로의 노력으로 만들어진다. 작가는 특별한 사람만이 될 수 있다는 생각을 버려라. 작가에 대한, 글쓰기에 대한 인식만 바꾼다면 누구나 작가가 될 수 있다.

02

성공과 실패, 열에 아홉은 '이것'에서 갈린다

"사람을 강하게 만드는 것은?
사람을 강하게 만드는 것은 사람이 하는 일이 아니라,
하고자 하는 노력이다."

— 미국 소설가, 어니스트 헤밍웨이(Ernest Hemingway)

대기업에서 근무하는 한 분이 정신과 상담을 받고 있다고 토로했다. 업무 성과 부족으로 인한 스트레스 때문이라고 했다. 과거에는 지금 다니는 회사에 입사하는 것이 꿈이었지만, 지금은 경제력만 뒷받침되면 사표를 쓰는 것이 소원이라고 했다.

요즘 살기가 너무 힘들다. 안 그래도 힘든데 그간의 코로나19로 인해 경기가 최악의 상황으로 치달았다. 그러다 보니 대부분 빠르게 돈 버는 데 많은 관심을 보이고 있다. 직장생활만으로는 답이 없고, 특히 월급만으로 생활하기가 버거워서 많은 사람이 퇴근 후 대리운전, 배달 아르바이트를 하고 있다. 유튜브에 '돈 버는 법'이라는 제목으로 검색해보면, 가난에서 탈출하는 방법, 빠르게 부자 되는 법, 빠르게 빚 갚는 법 등과 같은 영상들이 쉽게 눈에 띈다. 어찌 보면 지금이 죽어서 가는 지옥보다 더 고통스러운 생지옥이 아닌가 하는 생각마저 든다.

이런 와중에 책 쓰는 샐러리맨이 늘고 있다. 무작정 스펙을 쌓기보다 자신의 이름으로 된 한 권의 책을 쓰는 것이 자신을 퍼스널 브랜딩하는 데 훨씬 효과적이기 때문이다. 제대로 된 원고만 쓰면 출판사에서 수천만 원을 들여서 책을 내주기 때문에 이보다 더 나은 자기계발은 없다. 그러다 보니 직장인은 물론, 대학생, 주부, 다양한 연령층에서 책을 쓰고 있다. 이름이 좀 알려진 유튜버들, 인플루언서들은 하나같이 책을 썼거나, 책을 쓰고 있다. 책을 펴내 작가가 되면 대중들에게 강한 신뢰감을 줄 수 있기 때문이다. 무엇보다 자신의 책의 독자들로부터 SNS, 카카오톡 메시지, 이메일로 상담이나 코칭, 교육 요청을 받을 수 있어 수익 창출 면에서 최고의 효과를 기대할 수 있다. 그래서 나는 우리 회사의 슬로건을 "성공해서 책을 쓰는 것이 아니라 책을 써야 성공한다!"라고 정했다. 이제 이 슬로건은 글쓰기, 책 쓰기에 관심 있는 사람이라면 누구나 들어봄 직한 유명 성공 진리 카피가 되었다.

지금의 나를 만든 것은 글쓰기를 통한 퍼스널 브랜딩이었다

직장에서도 글쓰기의 중요성이 높아지고 있는 추세다. 한 통계에 따르면 중간관리자는 업무 시간의 40%, 매니저는 50%가 글쓰기와 관련이 있다고 한다. CEO도 예외는 아니다. 직원과의 소통의 도구로 정기적으로 이메일 편지를 쓰거나 자신의 경영 노하우를 책으로 출간하려는 CEO가 늘어나고 있다.

나는 직장인들에게 무용지물인 스펙을 쌓기 위해 시간과 노력, 비용을 낭비하지 말라고 말한다. 대신 귀중한 인생을 그렇게 낭비하지 말고 한 권의 책을 쓰라고 조언한다. 내 이름으로 된 한 권의 책은 인생을 놀라울 정도로 변화시킨다. 내가 사람들에게 만사 제치고 책부터 쓰라고 하는 이유가 여기에 있다. 사람들은 내게 책을 출간하면 좋은 이유를 물어본다. 사실 책 출간 후 좋은 점은 한둘이 아니다. 먼저 책이 출간되면 사람들은 이름 앞에다 '작가님', '선생님'이라는 호칭을 붙여준다. 자연스레 그 분야의 전문가가 되는 것이다. 그리고 기업이나 단체, 기관들에서 칼럼 기고나 교육, 강연 등의 요청이 들어온다. 그 과정에서 내 책은 더 많은 사람에게 알려지고 브랜딩은 기하급수적으로 빨라진다. 책을 펴내면 이렇게 다양하고 좋은 점들이 많은 데다, 출판사로부터 인세까지 받게 된다. 책을 쓰면 출판사에서 나를 퍼스널 브랜딩 해주고, 다양한 기회 또한 갖게 해준다. 게다가 돈까지 지급하니 책을 쓰지 않을 이유가 없는 것이다.

언젠가부터 해외에서도 내게 책 쓰기를 배우려고 많은 사람이 찾아오고 있다. 하지만 과거의 나는 6중고의 고통 속에서 살아야 했다. 나는 기초생활수급자, 전문대 졸업, 무스펙, 언어장애, 거액의 빚 유산, 신용불량자였다. 내 인생은 그야말로 밑바닥이었다. 당시는 굶어 죽지 않고 살아남는 것이 최대의 과제였다. 왜냐하면 내가 죽지 않고 살아남아야 꿈을 이룰 수 있고 원하는 삶을 살 수 있기 때문이었다. 그랬던 내가 지금은 과거의 나처럼 평범한 사람, 경제적으로 힘든 사람들에게 퍼스널 브랜딩을 해주는 교육회사를 운영하고 있다. 과거에 브랜드 치킨을 한 마리 사 먹으려면 10분간 고민해야 했던 처지에서 현재는 부동산뿐만 아니라 부산 해운대의 호텔까지 소유하고 있는 경제적 자유인이 되었다. 내가 지금처럼 살게 된 것은 책 덕분이다. 나는 20대 때부터 꾸준히 책을 써왔고, 그 과정에서 나를 세상에 알렸기 때문이었다.

'이것'을 아는 사람만이 오래 살아남을 것이다

나는 책 쓰기는 생존과 직결된다고 생각한다. 지금 몸담은 직장이 아무리 연봉이 높고 처우가 좋아도 언제 밀려날지 알 수 없는 노릇이다. 당장 밀려나지 않는다고 해도 늘 조마조마해하며 새가슴으로 하루하루를 보내야 할지도 모른다. 그러나 자신의 지식과 경험, 삶의 깨달음, 어떤 주제에 대한 노하우를 책에다 담는다면 어떨까? 자신의 브랜드 가치를 높일 수 있을 뿐 아니라 전혀 예상하지 못했던 놀라운 기회들을 만나게 된다. 그러니 책 쓰기는 돈이 들지 않으면서 가장 강력하고 확실한 생존전략이다.

베스트셀러 《총각네 야채가게》, 《스타벅스 감성 마케팅》, 《민들레 영토 희망 스토리》의 작가 김영한이 있다. 그는 40세 때까지 잘나가는 샐러리맨이었다. 대학에서 경영학을 전공한 그는 아버지의 조언으로 컴퓨터를 배우기 시작해 컴퓨터 영업을 하다 삼성전자에 입사했다. 그는 삼성전자 컴퓨터사업팀의 창립 멤버였고, 40세의 나이에 삼성전자 컴퓨터사업을 실질적으로 이끌어가는 임원이 되는 등 성공가도를 달리고 있었다.

그러나 임원이 되자마자 그는 바로 사표를 냈다. 손뼉 칠 때 떠나야 한다고 생각했기 때문이다. 잘나갈 때 변화를 주지 않으면 고인 물이 되어 썩게 된다는 것을 그는 누구보다 잘 알고 있었다. 당시 승승장구

하던 시점에 사표를 내자 주위에선 하나같이 그에게 "미쳤다!"라고 말했지만 그는 아랑곳하지 않았다.

그가 국내 최고기업으로 일컬어지는 삼성전자에 미련 없이 사표를 던질 수 있었던 이유는, 당시 그가 퍼스널 브랜딩을 구축했기 때문이었다. 38세 때부터 시작한 책 쓰기를 통해 세상에 자신을 드러낼 수 있었기 때문이었다. 그는 대학교수에 도전하기로 마음먹었다. 그러곤 대학원에 등록하는 한편, 직장생활 경험을 바탕으로 강연 활동을 펼치고 책을 쓰기 시작했다. 그런 노력 끝에 그는 연봉 억대의 명강사라는 수식어를 거머쥐고, 54세 때는 국민대 경영대학원 교수가 될 수 있었다.

현재 68권 이상의 저서를 보유하고 있는 그는 38세 때부터 책을 쓰기 시작했으니, 28년 동안 한 해 평균 2~3권의 책을 쓴 셈이다.

책 쓰기는 눈부신 미래를 창조하는 가장 강력한 수단이다

유튜브 〈조관일TV〉를 운영하는 조관일 작가. 그는 과거 책을 쓰게 된 계기에 대해 이렇게 말했다.

"책을 쓰기 시작한 것은 나 자신의 부족함을 채우기 위한 것이었다. 지방대 출신으로 농협에 취직한 후 남들보다 뭐라도 한 가지 뛰어난 점이 있어야 한다고 생각했다. 고민 끝에 내린 결론이 책을 쓰는 것이었다."

강원대학교 1기 졸업생으로서 그가 택한 첫 직장은 춘천에 있는 한 중학교였다. 물리 과목을 맡은 그는 배우는 학생과 본인의 수준에 별 차이가 없다는 생각에 4개월 만에 사표를 썼다. 그리고 1974년 농협에 입사했다. 그는 농협 창구에서 일하며 손님들을 직접 응대했던 경험과 틈틈이 모아두었던 자료를 묶어 한 권의 책으로 출간했다. 지난 1980년에 나온 첫 번째 저서 《고객응대》였다. 그렇게 그는 작가로 데뷔했고 이후 꾸준히 책을 내왔다.

그가 책을 쓰게 된 이유는 직장생활에 대한 불안함과 지금보다 더 잘되고 싶다는 욕심 때문이었다. 물론 그가 책을 쓰기로 했을 때 아내를 비롯한 주위 사람들은 반대했지만, 그는 아랑곳하지 않고 글을 썼다.

강연 등으로 퇴직 후 누구보다 바쁘게 살고 있는 그는, 과거 직장생활을 하며 책을 쓰는 게 쉽지는 않았다고 말한다. 그는 직장에서 책 쓰기 하는 모습을 보이지 않는 대신 집에 들어가면 저녁 9시 뉴스 시작과 함께 펜을 들었다.

"사무실에서는 원고를 써본 적이 한 번도 없습니다. 타이핑해 본 적도 없고요. 어디까지나 내 주 업무가 아니었기에 회사에 피해를 줄 수는 없었습니다."

책을 쓰며 신경을 많이 쓴 탓에 그는 저서 《손님 잘 좀 모십시다》를 낸 후에는 위장병을 얻기도 했다.

책을 여러 권 출간한 후 회사에서의 그의 입지는 완전히 달라졌다. 회사 내에서 점차 서비스 전문가로 소문나면서 서울 본사로 발탁되었는가 하면, 전국 농협의 전산망을 총괄하는 전산정보분사장 자리까지

맡게 되었다. 책을 통해 인생 역전한 그는 사람들에게 "꼭 책을 쓰라"라는 말을 빠뜨리지 않고 한다.

"책을 쓰려면 공부해야 하고, 그만큼 나 자신이 발전하는 건 물론입니다. 무엇보다 나를 가장 확실하게 알리는 좋은 방법이 되지요."

조관일은 농협을 떠날 때까지 책 20권을 쓰겠다고 다짐했다. 그 목표는 떠나기 2년 전에 완성되었다.

김영한, 조관일은 책 쓰기를 통해 퍼스널 브랜딩에 성공했다. 세상에는 이런 사람들이 수없이 많다. 그동안 나는 책 쓰기를 통해 인생 역전한 사람들을 많이 만났다. 그들은 책을 쓰기 전에는 아무런 존재감이 없었지만, 책을 출간한 이후 칼럼 기고에다 강연 활동 등을 소화하며 분주하게 보내고 있다. 아무리 바빠도 책 쓰는 시간만큼은 확보해두는 이유다. 더 나은 미래를 창조하는 데 책만큼 좋은 수단은 없기 때문이다.

책 쓰기는 눈부신 미래를 창조하는 자기혁명이다. 지금, 이 순간에도 누군가는 열심히 키보드를 두드리고 있다. 당신도 오늘 당장 책 쓰기에 도전해보라. 책 쓰기를 위대한 작가의 그것처럼 거창하게 생각할 필요는 없다. 그저 그동안의 지식과 경험, 삶의 깨달음을 정리하는 것쯤으로 가볍게 생각하면 될 것이다.

마지막으로 이 말을 기억해보자.

"성공해서 책을 쓰는 것이 아니라 책을 써야 성공한다!"

03

하루라도 일찍 알아야 할
퍼스널 브랜딩 방법

"훌륭한 작가는 한 권의 책을 쓰기 위해
도서관을 절반 이상 뒤진다."

– 스코틀랜드 전기 작가, J. 보스웰(James Boswell)

조직은 평범한 구성원보다 그 분야의 전문가를 반긴다. 전문가야말
로 다른 사람들보다 다양한 지식과 정보, 경험을 갖추고 있어 최대의
성과를 발휘할 수 있기 때문이다. 그래서 직책이 높을수록 자신이 맡
은 일의 전문성을 확보하고 있다.

그렇다면 자신이 하는 일에 관한 전문가가 되기 위해선 어떻게 해
야 할까? 먼저 자기 업무에 대한 자기계발, 즉 공부를 해야 한다. 그렇
다고 무작정 공부해선 안 된다. 그저 남들이 하니까 나만 뒤처질까 봐
불안해서 하는 스펙 쌓기식 공부는 아무런 도움이 안 된다. 나는 업무
성과를 높여주고 전문가로 브랜딩 해주는 책을 쓰라고 권하고 싶다.
자신이 몸담고 있거나 지금 하는 업무를 주제로 책을 쓰면 많은 변화
를 경험하게 될 것이다.

그렇다고 책이 그냥 뚝딱 쓸 수 있는 그런 것은 아니다. 그 책 속에는 저자의 지식과 경험, 인생의 깨달음, 어떤 주제에 대한 원리와 노하우가 담겨 있어야 하기 때문이다. 그래서 이런저런 자기계발보다 책을 한 권 쓰면 최고의 자기계발을 한 셈이 된다. 자신이 쓴 책을 열 번만 읽으면 어디에서 누구를 만나더라도 그 분야에 대해 막힘없이 온종일 이야기를 나눌 수 있다. 그래서 책 쓰기는 퍼스널 브랜딩 수단이면서 인생 학위를 받는 것과 다름없다.

저서를 가지게 되면 더는 스펙이나 석사, 박사 학위와 같은 것들에 미련을 갖지 않게 된다. 책을 쓰면 사람들에게 "대단하다!"라고 인정받을 뿐 아니라 부러움의 대상이 되기 때문이다. 물론 자신은 퍼스널 브랜딩이니 책 쓰기니 다 귀찮다며 직장생활이 맞는다고 생각하는 사람도 있을 것이다. 이들은 오늘처럼 내일도 안전할 것으로 생각한다. 앞으로도 계속 꼬박꼬박 월급이 나올 거라고 착각하는 것이다. 그래서 남들이 퍼스널 브랜딩을 해나갈 때 집에서 뒹굴뒹굴하며 넷플릭스나 유튜브 영상을 보고 있는 것이다. 시간이 날 때마다 카페에서 지인들을 만나 하릴없이 수다를 떨며 시간을 낭비할지도 모르겠고.

돈 없고 '빽' 없으면 무조건 책부터 써서 자신을 브랜딩 하라

나는 이런 사람들의 말로가 어떻게 되는지 많이 봐왔다. 조직생활을 할 때 틈틈이 브랜딩을 해놓지 않은 사람들은 갈수록 삶이 더 고달파진다. 몇 달 후 먹고살기 위해 자신의 전공과 아무런 관련이 없는 다른 일을 해야 할지도 모른다.

나의 말에 혹자는 발끈하며 "절대 그렇지 않아!"라고 항변할지도 모르겠다. 만약 당신이 없는 경우 회사에 큰 지장이 초래될 거라고 여긴다면 시험 삼아 과감히 사표를 던져보라. 그리고 그때 상사나 동료들의 반응을 살펴보라. 만류 차원이 아니라 사정사정하며 당신을 붙잡는 사람이 몇 명이나 있을까? 오히려 그 반대일지 모른다. 그래서 당신은 직장 속 업무나 인간관계로 인해 원형 탈모가 생기거나 스트레스를 받아 가면서도 사표를 내지 못하는 것이다. 더러워도 생존을 위해 계속 다니는 사람들이 대부분인 이유이기도 하다.

절대 당신 하나쯤 없다고 해서 조직은 위기에 처하지 않는다. 오히려 동료들 가운데 당신의 빈자리를 꿰차기 위해 당신이 얼른 조직을 떠나주기를 바라는 사람이 있을지도 모른다. 당신이 떠나고 나면 당신 자리는 즉각 더 젊고 능력 있는 사람으로 대체될 것이다.

조직에서 자신의 위치가 위태롭다고 판단될 때는 진짜 스펙이 필요한 시점이다. 자신의 내면에서 이대로는 위험하니 특단의 조치가 필요하다고 적색경보를 울린다고 보면 된다. 위기의식을 가지게 되면 초조해지고 불안해지게 마련이다. 그러면 지금 자신에게 무엇이 가장 절실하고 필요한지 제대로 된 판단을 할 수 없게 된다. 그래서 남들이 다 하니까 나도 한다는 식으로 인생에 크게 도움이 되지 않는 스펙을 쌓거나 대학원에 진학해 석사, 박사 학위를 취득하곤 한다.

나는 지금 서 있는 위치에서 개인 브랜드를 만들고자 하는 사람들에게 만사 제치고 책부터 쓰라고 조언하고 싶다. 그동안 300권가량의 책을 쓴 나는 책을 출간하게 되면 일어나는 엄청난 변화에 대해 누구보다 잘 알고 있다. 그동안 내가 교육해서 작가로 양성한 사람들 가운덴 너무나 잘나가는 사람들이 많다. 그들은 자신의 지식과 경험, 노하우를 사람들에게 알려주고 그 대가로 돈을 받는다. 한 달에 적게는 몇백만 원에서 수천만 원, 심지어 수억 원을 버는 제자들도 많다. 그래서 내가 사람들에게 다른 것 다 집어치우고 책부터 쓰라고 말하는 것이다. 무스펙에다 돈 없고, '빽' 없으면 무조건 책부터 써서 브랜딩 해야 한다.

책을 써보지 않은 사람들은 책을 써보라고 하면 지레 겁부터 낸다. 하지만 절대 주눅 들 필요 없다. 지금은 누구나 책을 쓸 수 있는 세상이기 때문이다. 예비 작가들에게 나는 다음과 같이 책을 써볼 것을 주문한다. 먼저, 책 한 권 쓰기를 목표로 하되, 앞으로 자신이 꿈꾸는 인생과 관련한 주제를 정한다. 예를 들어, 항공사에서 스튜어디스로 근무하고 있다면 자신의 비행 경험담이나 스튜어디스가 되는 데 알아야 할 것들을 쓰면 된다. 홍보부나 영업부에 있다면 마케팅에 관한 책을, 상담 분야의 일을 하고 있다면 자신의 상담 경험이 녹아 있는 심리 치유나 관계에 관한 책을 쓰면 된다.

책을 쓰는 일은 진짜 공부를 넘어 '진짜 스펙'을 갖추는 일이다

가장 중요한 것은, 책을 쓰기 전에 먼저 자신이 쓰고자 하는 주제를 담은 경쟁도서, 즉 자신의 분야에 관해 이미 출간된 책들을 적어도 30권은 읽어야 한다. 그 책들을 분석하는 과정을 거쳐야 더 나은 책을 쓸 수 있기 때문이다. 아는 만큼 보인다는 말이 있듯이 책도 아는 만큼 쓸 수 있다.

나는 오래전에 《새벽, 내 인생의 가장 소중한 시간》을 펴낸 바 있다. 하루 중 가장 소중한 시간은 '새벽'이라는 데 착안해 집필했다. 나도 현재 새벽형 생활을 하고 있지만, 대부분의 대기업 CEO와 임직원, 중소기업 사장, 1인 기업가들 역시 새벽형 생활을 실천하고 있다.

이 책에는 성공자들은 왜 하나같이 새벽형 생활을 하고 있는지, 시간의 '길이'가 아닌 한정된 시간의 '가치'를 어떻게 높일 것인지, 내 경험담 및 다년간의 조사를 통해 터득한 노하우가 담겨 있다. 이 책을 쓰기 위해 몇 년간 새벽형 생활을 실천해 성공한 인생을 사는 사람들의 자료를 수집해왔다. 그뿐만 아니라 시간 관리에 관한 다양한 책들을 섭렵했고, 그런 노력의 과정을 통해 《새벽, 내 인생의 가장 소중한 시간》을 집필할 수 있었다. 나는 책을 쓰면서 새벽형 생활을 하는 사람들의 사례와 시간 관리에 관한 공부를 한 덕분에 새벽형 생활이 인생에 미치는 긍정적인 영향에 대해 더욱 객관적으로 기술할 수 있었다. 또한, 왜 저녁형 생활보다 새벽형 생활을 해야 하는지, 사실에 기초한 유익점을 보다 명확하게 전달할 수 있었다.

정신과 전문의 이시형 박사는 "모든 것이 흔들리는 불확실하고 불안한 시대, 무엇을 할 것인가?"라는 질문에 "'공부'다. 공부는 죽을 때까지 해야만 하는 가장 가치 있는 일이며, 회사가 필요로 하는 창조적 인재가 될 수 있는 지름길이다"라고 답했다.

앞으로 갈수록 직업세계는 더욱더 치열해진다. 그저 총과 칼을 안들었을 뿐이지 전쟁터와 다름없다. 전쟁터에서 살아남으려면 진짜 공부, 진짜 스펙이 필요하다. 책을 쓰는 일은 진짜 공부를 넘어 진짜 스펙을 갖추는 일이다. 직업의 종결자는 나의 지식과 경험, 노하우를 들려주고 그 대가를 받는 상담, 코칭, 강연, 교육이다. 스펙의 종결자는 박사 학위 100개보다 더 힘이 센 저서다. 저서를 가지게 되면 당신은 예상하지 못한 수많은 기회를 마주하게 될 것이다. 그래서 책을 써서 최고의 삶을 사는 사람들은 책을 '저서 학위'라고 당당하게 말한다. 어느 정도 이루어놓은 후에, 성공한 다음에 책을 쓰고자 하면 늦는다. 삶은 당신이 원하는 대로 흘러가지 않는다. 그래서 성공하지 않은 지금, 유명하지 않은 지금 책을 써서 자신을 브랜딩 해야 하는 것이다.

04

아직도 글쓰기로 수익을
못 내는 사람들이 알아야 할 4가지

"대담한 걸 무엇이든 할 수 있다면, 아니 할 수 있다는 꿈을 갖고 있다면
그것을 시작하라. 대담하다는 것, 그 자체가 천재성이고 힘이며 마력이다."

― 독일 작가, **괴테**(Johann Wolfgang von Goethe)

요즘은 책을 써야 성공한다는 말들을 한다. 글이 세상을 움직이고 리드한다고 해도 과언이 아니다. 성공자들 가운데 많은 사람이 책을 출간한 덕분에 세상에 자신의 이름을 알릴 수 있었다. 덩달아 브랜드 파워도 키울 수 있었다. 그래서 많은 사람이 바쁜 와중에도 시간을 쪼개 책을 쓰는 데 시간과 노력을 투자하고 있다.

앞으로 글의 힘은 더욱 커질 전망이다. 1인 미디어 시대가 열리면서 개인이 글을 쓰고 영향력을 행사할 기회가 늘어난 덕분이다. 특히 소셜 네트워크(SNS)의 발달로 글의 파급력은 더욱 향상되었다. SNS에 올라온 글 하나가 온 나라를 뒤흔들고, 정치와 경제의 흐름을 주도하는 세상이다.

과거에 책을 쓰는 일은 전업 작가들에게만 해당되었다. 하지만 지

금은 누구나 글을 쓰고 책을 출간하고 있다. 특히 블로그를 통해 알려진 자신의 이야기가 책 출간으로 이어져 베스트셀러 작가로 변신하기도 한다. 사실 책 덕분에 인생을 바꾼 사람들이 한둘이 아니다. 이제 글 잘 쓰는 사람, 책 잘 쓰는 사람이 세상을 움직이는 시대가 도래한 것이다.

책을 쓰는 사람이라면 누구나 꿈꾸는 것이 베스트셀러 작가가 되는 것이다. 베스트셀러 작가가 되는 순간 자연스레 성공자로 거듭나게 된다. 돈과 명예, 보이지 않는 기회가 따라온다. 그래서 많은 작가가 고군분투하며 지금, 이 시각에도 자유를 포기한 채 글과 씨름하는 것이다.

베스트셀러를 만드는 4가지 비밀

그동안 나는 수백 권의 책을 쓰고, 1,200명의 평범한 사람들을 작가로 만드는 과정에서 한 가지 사실을 알 수 있었다. 베스트셀러는 만들어진다는 것이다. 대다수의 사람은 콘텐츠가 좋으면 베스트셀러가 된다고 생각한다. 사실 과거의 나 또한 그렇게 생각했고, 믿었다. 그러나 내가 직접 경험해보니 전혀 그렇지 않았다. 현재 교보문고를 비롯한 예스24, 인터파크, 알라딘 등의 종합 베스트 10위 안에 진입한 책들을 보면 4가지 요소를 갖추고 있음을 알 수 있다. 타이밍, 타깃팅, 타이틀링, 마케팅이 그렇지 않은 책들보다 월등한 것이다. 사실 아무리 콘텐츠가 좋은 책일지라도 이 4가지 요소 가운데 하나라도 부족하면 베스트셀러에 진입하더라도 '반짝 효과'에 그치고 만다. 위의 4가지 요소가 충족되어야만 판매 효과가 지속되어 일 년 만에 10만 부가 팔려 나가는 베스트셀러가 될 수 있다.

베스트셀러를 만드는 4가지 요소를 좀 더 구체적으로 살펴보면 다음과 같다.

첫째, 타이밍(Timing)

콘텐츠가 아무리 좋더라도 출간 타이밍이 맞지 않으면 책은 팔리지 않는다. 예를 들면, 2009년 5월에 노무현 전 대통령이 서거한 후 노 전 대통령이 직접 집필한 《여보, 나 좀 도와줘》라는 책이 불타나게 팔린 바 있다. 그전까지는 한 달에 한두 권 정도 팔렸을 뿐이었다. 그리고 김대중 전 대통령이 서거한 후 출판계에 김대중 대통령 열풍이 불어 김대중 전 대통령의 책을 출판했던 기존의 출판사들이 행복한 비명을 지르기도 했다. 무소유를 설파한 법정스님이 입적했을 때도 법정스님의 책들은 없어서 못 팔 정도였다. 애플의 창업자 스티브 잡스가 췌장암으로 세상을 떠났을 때 역시 이와 다르지 않았다. 공식 전기 《스티브 잡스》를 비롯한, 그를 다룬 책들이 특수를 누렸다.

책은 아무리 콘텐츠가 좋더라도 타이밍이 적절하지 못하면 독자들에게 그 가치를 인정받지 못한다. 그래서 출판사는 시류를 예상하고 이에 맞춰 미리 구상해 놓은 책을 적절한 시기에 출간하는 것이다.

둘째, 타깃팅(Targeting)

책을 읽는 독자가 분명하지 않은 책은 실패할 확률이 높다. 독자 타깃이 불분명하다는 것은 책 속에 담겨 있는 내용마저 분명하지 않다는 말이기 때문이다. 초보 작가들은 다양한 연령층을 대상으로 많이 팔기 위해 독자 타깃을 일부러 넓게 잡는다. 그러나 욕심이 과하면 화를 부르는 법이다. 독자 타깃을 넓게 잡은 책은 초판도 팔지 못하는 경우가 수두룩하다. 그래서 출판사들은 독자를 세분화해 타깃팅하고 있다.

셋째, 타이틀링(Titling)

책 제목의 중요성은 아무리 강조해도 지나치지 않는다. 책을 고를 때 가장 먼저 제목이 눈에 들어오기 때문이다. 제목이 밋밋하다면 독자들로부터 외면당하고 만다. 나 또한 책을 구매할 때 제목과 표지부터 살핀다. 제목과 표지의 임팩트가 약한 책은 내 눈길을 끌지 못한다. 나는 책 쓰기 교육과정을 진행할 때 일일이 수강생이 제출한 자기소개서를 읽어보고 각자에게 맞는 주제를 기획해준다. 그리고 제목과 목차를 만드는 법의 원리와 노하우를 알려주고, 수강생이 직접 만든 제목과 목차를 제출받아 일일이 체크하면서 첨삭한다. 이때 제목이 너무 아니다 싶으면 내가 개입해서 직접 만들어주기도 하는데, 이 제목들을 거의 그대로 달고 출판사에서 책을 출간하고 있다. 얼마 전에 출간된 고재석 작가의 책 《꼬인 관계를 풀어주는 에니어그램 관계 수업》 제목도 내가 수업 중에 직접 만들어준 것이다. 이 책은 출간되자마자 베스트셀러에 올랐으며, 바로 2쇄, 3쇄를 찍을 정도로 인기가 높았다.

넷째, 마케팅(Marketing)

베스트셀러들을 가만히 살펴보면 공통점이 있다. 출판사에서 공격적으로 마케팅을 펼친다는 것이다. 신문 광고나 인터넷 서점의 배너 광고 등 독자들에게 알리기 위한 마케팅에 열을 올린다. 여기에다 신문이나 방송 등 대중 매체를 통한 홍보도 펼친다. 특히 요즘은 작가가 직접 운영하는 SNS와 유튜브의 파워가 엄청 큰 게 사실이다. 많은 팔로워와 구독자를 거느리고 있는 작가가 펴낸 책이 바로 베스트셀러가 되는 이유이기도 하다.

책의 표지가 예쁘고 내용이 좋더라도 사람들에게 알려지지 않는다면 무용지물이다. 몇 주 서점에 진열되다가 서가에 꽂히고 만다. 서가에 꽂혀 있는 책은 그 수명이 다했다고 보면 된다. 어쩌다가 인터넷 서점에서 한두 권씩 팔려나갈 뿐이다. 그래서 이름 있는 작가들은 출판사의 마케팅 능력을 보고 출판 계약서에 도장을 찍는다. 나는 나에게 교육받는 수강생들에게 책이 출간되기 전에 미리 SNS 마케팅, 유튜브 마케팅을 배워야 한다고 조언한다.

베스트셀러는 저자와 출판사의 노력으로 만들어진다

아무리 좋은 책이라 하더라도 앞의 4가지 요소 가운데 하나만 부족해도 베스트셀러가 되기 어렵다. 반짝 판매에 그치고 만다. 예전에 한 리서치 회사에서 서점 영업자 51명을 대상으로 여론 조사를 벌인 적이 있다. 조사 결과, 서점 영업자들은 책 광고와 판매 부수와의 상관관계를 묻는 설문에 '거의 비례한다'(59%), '비례한다'(15%)라고 답한 것으로 나타났다. 이는 쉽게 말해 '베스트셀러는 만들어진다'는 의미다.

그러나 베스트셀러가 만들어진다는 점을 부정적인 관점에서 볼 필요는 없다. 4가지 요소가 충족되어 베스트셀러에 올랐더라도 만약 내용이 부실하다면 얼마 지나지 않아 독자들로부터 외면당할 것이기 때문이다.

베스트셀러는 작가와 출판사의 노력으로 만들어진다. 운이 좋아서 베스트셀러가 되는 경우는 거의 없다. 그래서 나는 공들여서 쓴 책을 더 많은 사람이 읽을 수 있도록 홍보와 마케팅에도 신경을 써야 한다고 말하고 싶다. 책을 쓰는 것만큼이나 내 책을 세상에 알리는 것도 중요하기 때문이다.

05

글쓰기로
돈 버는 사람들의 비밀

"성공을 거두기 위해 필요한 것은 계산된 모험이다."

– 미국 정신분석학자, 시어도어 루빈(Theodore Issac Rubin)

지금도 생생하게 기억나는 장면이 있다. 내가 7세 때의 일이다. 어머니와 함께 강아지 예방 주사를 맞히기 위해 달성군 현풍면 소재지의 동물병원에 갔었다. 강아지 예방주사를 맞히고 어머니는 근처 중국집에서 내가 좋아하는 자장면을 사주셨다. 나는 어머니와 함께 자장면을 먹고 싶었는데 그러질 못했다. 당시 자장면 한 그릇 가격이 500원이었는데 그 금액조차 부담되어 어머니는 식당 문 앞에서 강아지 목줄을 쥐고 서서 기다리셨다. 지금도 내가 자장면을 다 먹을 때까지 서서기다리시던 어머니의 모습이 눈에 선하다.

과거의 나는 돈이 너무나 싫었다. 돈이 미웠고, 원망스러웠고, 돈을 저주했다. 돈 때문에 내가 어려서부터 부모님이 고생고생하셨기 때문이다. 무릎 연골이 다 닳을 때까지 죽어라 일하셨지만 빚에서 헤어나지 못하셨다. 내 나이 23세 때까지 우리 집은 기초생활수급자 가정이었다. 우리 부모님은 평생을 가난과 싸우셨다고 해도 과언이 아니다. 그래서 나는 어떤 일이 있어도 꼭 부자가 되어 가난과 결별하겠다고 결심했고, 결국은 이루어냈다.

내가 가난에서 벗어날 수 있었던 건 진짜 자기계발을 했기 때문이다. 나는 남들이 다 가지고 있는 것을 갖기 위해 노력하지 않았다. 남들에게 없는, 아주 특별한 한 가지를 가지기 위해 고군분투했다. 그것은 나를 브랜딩 하는 수단이 되어준 저서였다. 책은 지금의 나를 있게 해준 최고의 수단이었다.

요즘 나를 찾아오는 사람들 가운데는 직장인을 비롯해 자영업자들이 많다. 나는 그들에게 다른 것은 일절 하지 말라고 한다. 대신 책부터 써서 자신을 브랜딩 하라고 말한다. 브랜딩만이 살길이기 때문이다. 그러면 사람들 대부분은 이런 반응을 보인다.

"월급쟁이 주제에 책이라니, 당치도 않아요."
"지금 장사가 안 되어 죽겠는데 어떻게 책을 쓰나요?"
"내세울 것 하나 없는 제가 어떻게 책을 쓸 수 있을까요?"
"제가 책을 쓴다고 하면 다들 미쳤다고 욕할 겁니다."

이런 대답을 들을 때면 나는 안타까운 마음을 넘어 절로 한숨이 나온다. 요즘은 대학생들조차 특정 주제를 정해 책을 쓰고 있다. 그리고 그들 가운데는 한 달에 수백만 원의 수입을 올리는 이들도 있다. 가난에서 벗어나고자 하는 사람이 가장 먼저 해야 할 것은 퍼스널 브랜딩이다. 브랜딩이 되어 있으면 이직이든, 사업이든, 연애든 보통 사람들보다 훨씬 수월하게 할 수 있다.

아직도 직장생활만 하는 사람들은 이 시대에 맞는 진짜 성공비결을 모르고 있다. 그것을 아는 나는 내 분야에서 대한민국 톱이 되었다. 과거 찢어지게 가난했던 내가 수십 개의 부동산을 가진 200억 자수성가 부자가 될 수 있었다. 중요한 것은, 나만 부자가 된 게 아니라 내가 가르친 수많은 제자 역시 경제적 자유인이 되었다는 사실이다.

사람들 대부분은 성공하거나 어느 정도 사회적 지위가 있어야 책을 쓸 수 있는 자격이 주어진다고 생각한다. 이는 '착각'이다. 보통 사람이, 평범한 사람이 무슨 뾰족한 수로 젊은 나이에 성공할 수 있을까? 다들 직장생활로는 수입이 빠듯해 아르바이트하기 바쁘다. 단호하게 말하지만, 흙수저, 무스펙이 빠르게 가난에서 벗어나는 방법은 단 한 가지, 자신이 가장 자신 있어 하는 주제를 정해 책을 쓰는 것이다. 책을 써서 사람들이 나를 찾게 하면 된다. 지금은 초보가 왕초보를 대상으로 상담하고, 코칭하고, 교육하는 시대다. 평범한 지금 하루빨리 책을 써야 더욱 빨리 성공할 수 있다. 과거 나는 내가 어디든 기댈 곳 없는 최악의 환경에 처해 있다는 것을 깨달았다. 그래서 브랜딩에 목숨을 걸었다. 평범한 사람이 쉽고 빠르게 성공하는 길은 자신의 이름을 세상에 알리는 길뿐이다. 세상이 주목하게 만들면 자신이 바라는 소망은 쉽게 이루어진다.

성공해서 책을 쓰는 것이 아니라 책을 써야 성공한다

책을 출간해서 자신을 브랜딩 한 사람은 헤아릴 수 없이 많다. 그들 가운데 몇 사람을 꼽는다면, 《파리에서 도시락을 파는 여자》의 켈리 최, 《김미경의 리부트》의 김미경, 《만일 내가 인생을 다시 산다면》의 김혜남, 《역행자》의 자청, 《신녀성의 레미장센》의 안상아(신녀성), 《나를 살게 하는 것들》의 김창옥, 《꿈꾸는 다락방》의 이지성, 《당신은 개를 키우면 안 된다》의 강형욱, 《어떻게 말해줘야 할까》의 오은영 등이 있다.

나에게 책 쓰기 코칭(도움)을 받아 작가가 된 1,200명 가운데 몇 명을 예로 들어보겠다. 《나는 잠자는 동안에도 해외주식으로 돈 번다》의 주이슬, 《그냥 오는 돈은 없다》의 단희쌤(이의상), 《나는 인생에서 알아야 할 모든 것을 영업에서 배웠다》의 안대장, 《돈의 신에게 배우는 머니 시크릿》의 김새해, 《TM영업으로 억대 연봉 버는 비법》의 아이스강, 《관계의 내공》의 유세미, 《소리튠 영어혁명》의 갓주아(이정은), 《생초보도 TM영업으로 10억 버는 비법》의 김우창, 《꼬인 관계를 풀어주는 에니어그램 관계 수업》의 고재석, 《대한민국 최초의 고시원 창업비법》의 황재달, 그 외에도 2019년 일본 미스코리아 진 권혜현 양의 어머니 이도경 작가는 《내 삶을 바꾼 독서의 기적》을, 아버지 권용수 작가는 《나는 화장품으로 세상을 정복한다》를 펴냈다. 이외에 1,200여 명의 제자들이 더 있음을 감안해주길 바란다. 이들은 내가 줄기차게 외쳐온 "성공해서 책을 쓰는 것이 아니라 책을 써야 성공한다!"란 말을 증명해주는 산증인들이라고 생각한다. 책이라는 브랜딩 수단을 통해 인생의 판을 확장한 사람들이다.

사람들은 저마다 꿈을 가지고 치열하게 살아간다. 그런데도 성공하기란 하늘의 별 따기와 같다. 그 이유는 운과 기회를 끌어당기는 법을 모르기 때문이다. 성공하려면 구체적인 꿈과 지독한 노력에다 운과 기회가 보태져야 한다. 이 가운데 하나라도 부족하면 성공은 늦어지거나 불가능해진다.

당장 퍼스널 브랜딩 해 미래를 준비하라

지금은 어느 정도 잊혔지만, 10여 년 전만 하더라도 광고 천재 이제석은 너무나 유명한 사람이었다. 그 역시 책을 통해 널리 알려진 케이스다. 과거의 그는 정말 보잘것없는 존재에 불과했다. 한국에서는 주목받지 못하는 지방대 출신의 별 볼일 없던 광고쟁이에 지나지 않았다. 그랬던 그가 뉴욕 생활 딱 일 년 만에 세계 3대 광고제의 하나인 원쇼 페스티벌에서 최우수상을 받게 된다. 그 후 광고계의 오스카상이라 불리는 '클리오 어워드'에서 동상, 미국 광고협회의 '애디 어워드'에서 금상 2개 등 일 년 동안 국제적인 광고 공모전에서 29개의 메달을 휩쓸었다. 공모전 싹쓸이는 그가 다닌 SVA(School of Visual Arts) 개교(1947년) 이래 처음이자, 광고계에서도 전례가 없는 일이었다. 그는 SAV의 지독한 편애를 받은 것은 물론, 뉴욕의 내로라하는 광고회사의 러브콜을 받았다. 그를 괄시했던 대한민국 사회는 그제야 그를 데려오려고 혈안이 되었다.

귀국 후인 2010년 그는 자신만의 창의적 발상법과 생존비법을 담은 책 《광고천재 이제석》을 출간했다. 책 출간 후 그의 인생은 불과 몇 년 전과는 판이하게 달라졌다. 책을 통해 그의 성공 스토리가 소개되면서 부르는 곳이 많아졌다. 자연스레 그의 몸값은 천정부지로 치솟았다. 책이 출간된 지 2개월 후 그는 대통령 직속 미래기획위원회의 역대 최연소(28세) 미래기획위원으로 위촉되는 기쁨도 안았다.

이제석은 누구보다 치열하게 살았다. 하지만 그가 책을 쓰지 않았다면, 그저 일간지와 인터넷에 잠깐 그와 관련된 기사가 뜨다가 이내 잠잠해졌을 것이다. 하지만 그는 자신의 인생 역정이 담긴 책《광고천재 이제석》을 출간함으로써 세상에 자신의 성공 스토리를 알릴 수 있었다. 그의 책을 읽어보고 그가 걸어온 길을 알게 된 사람들은 모두 그를 '대단하다'라고 생각하게 된다. 그렇게 입소문이 퍼지면서 마침내 청와대에까지 입성하게 된 것이다.

자신의 실력이 아무리 출중해도 남들이, 세상이 알아주지 않으면 그저 무명 신세에 지나지 않는다. 반면에 실력은 다소 부족하더라도 사람들의 인정을 받으면 명성을 얻게 된다. 후광 효과에다 스타성이 더해져 몸값은 하늘 높은 줄 모르고 올라가게 된다.

과거 우리를 힘들게 했던 외환위기 이후 평생직장 개념이 사라졌다. 직장인이라면 누구나 미래에 대한 불안감을 안고 살아가게 되었다. 게다가 요즘 기업들은 코로나19에다 러시아 우크라이나 전쟁 발발로 인한 경기 침체로 비용 절감에 집중하고 있다. 내 생각에 코로나19로 인한 경제적 여파가 완전히 사라지려면 10년은 족히 걸리지 않을까 싶다. 그때까지 살얼음판을 걷는 심정으로 살아갈 것인가, 아니면 지금부터라도 책을 써서 퍼스널 브랜딩 하고, 미래를 준비할 것인가 선택해야 한다.

지금 자신의 미래를 떠올려 봤을 때 막막하다면 바로 행동해야 한다. 그러지 않으면 정말 오래지 않아 더 힘든 현실에 처하게 된다. 더 고통스러운 가난에 직면하게 될지도 모른다. 나는 당신에게 애플의 창업자 스티브 잡스나 구글의 창업자 래리 페이지와 같은 특별한 능력이 없는 한 "만사 제치고 책을 써라"라고 말해주고 싶다. 책을 쓰는 데는 특별한 능력 같은 건 필요하지 않다. 노트북과 꾸준히 하루 1시간 글쓰기 할 수 있는 열정만 있으면 된다. 혼자 책을 쓰는 일이, 퍼스널 브랜딩 하는 일이 힘들게 느껴진다면, 내가 운영하는 네이버 카페 〈한국책쓰기강사양성협회〉에 가입해보길 바란다. 이곳에서는 2만 2,000명의 회원들이 활발히 활동하며 눈부신 미래를 만들어가고 있다.

GETTING
BETTER

Part 5

두려움, 그것은 당신이
만들어낸 환상이다

도전

01

도전은 언제나 남는 장사다

"여러분이 할 수 있는 가장 큰 모험은 바로
여러분이 꿈꿔오던 삶을 사는 것이다."

– 미국 방송인, 오프라 윈프리(Oprah Gail Winfrey)

1971년, 부산 광복동 농협빌딩 브리태니커 부산지사에 27세의 신참 판매사원이 앉아 있었다. 그때 다른 판매사원이 시무룩한 표정으로 사무실에 들어왔다.

"오늘은 2세트밖에 팔지 못했네요."

순간 젊은이의 귀가 번쩍 뜨였다. 당시는 브리태니커 사전 1세트를 팔면 양복 한 벌 값을 수당으로 받던 시대였다.

"지금까지 몇 세트 파셨어요?"

"저요? 별로 많이 못 팔았어요. 한 17세트 팔았나."

그의 대답은 판매에 대한 젊은이의 생각을 송두리째 바꿔놓았다.

'저 사람이 했다면 나도 할 수 있다. 해보자!'

그로부터 정확히 일 년 후, 이 젊은이는 전 세계 브리태니커 판매사원 중 최고에게 주는 '벤튼상'을 수상했다. 그리고 1973년 지역장, 1976년 상무에 오르더니, 1980년에는 일본 출판인의 도움을 받아 도서출판 헤임인터내셔널을 설립했다. 직원 7명 자본금 7,000만 원으로 출발한 이 회사는 수십 년이 지나 한국기업사를 다시 쓴 중견기업으로 성장했다. 이 이야기의 주인공은 바로 웅진그룹 회장이었던 윤석금 씨다.

세상에서 크게 성공한 사람치고 자신의 미친 꿈에 도전하지 않은 사람은 없다. 그들은 수없이 도전하고 넘어지고를 반복했다. 그 과정에서 어려움을 극복하고 소망하던 성취를 이루어낼 수 있었다.

도전이라는 단어를 떠올리면 나도 모르게 가슴이 뛴다. 그러면서 '지금보다 더 잘할 수 있다'라는 의욕이, 자신감이 마구 솟구치는 것을 느낀다. 도전은 내가 어디까지 갈 수 있는지 시험하도록 해주는 트레이닝이라고 생각한다. 이 트레이닝은 다른 사람들의 지시에 따라 움직이는 운동 같은 게 아니다. 온전히 본인 스스로 움직이는 것이다. 내가 지구별에 태어난 목적을 다 이루기 위한 과정이기 때문이다. 내가 바라는 것을 성취할 때까지 계속 행동하는 것이기 때문이다.

직장을 나의 꿈을 실현할 수 있는 수단으로 여겨라

사람들 대부분은 기업에 입사할 때 자신의 꿈보다 처우 조건, 복리후생 등을 따져보고 선택한다. 그러나 아무리 조건이 좋은 곳에서 일할지라도 언젠가는 밀려나게 되어 있다. 자의든 타의든 회사를 나와야 한다는 뜻이다. 젊은 시절에는 이런 말이 잘 이해가 가지 않겠지만, 50대쯤 되면 그동안 무엇을 위해 살았는지 회의감이 들게 마련이다. 앞만 보면서 가족을 위해 치열하게 살았지만, 자신을 위해 해놓은 게 아무것도 없음을 깨달으면 허망함이 밀려오게 된다. 사람은 오로지 일만 하기 위해 세상에 태어난 것이 아니기 때문이다. 자신이 소망하는 것을 위해 끊임없이 도전하고, 그 과정에서 충만함을 느낄 때 사람은 비로소 자신의 존재 가치를 깨닫는다.

사람들 가운데 일이나 인간관계가 힘들어 직장을 그만두고 싶어 하는 사람도 있을 것이다. 이렇게 힘들 때마다 포기하거나 달아난다면 아무런 성장도 할 수 없게 된다. 나는 이런 사람들에게 직장을 자신의 꿈을 실현하는 수단으로 여겨보라고 말하고 싶다. 최선을 다해 일하되, 매월 받는 월급으론 자기계발을 하면서 미래를 준비하라는 뜻이다. 그러면 직장은 내가 원하는 미래를 만드는 데 필요한 것들을 배우고 익히게 해주는 곳, 즉 자기계발 비용을 대신 내주는 고마운 곳으로 여겨질 것이다. 이렇게 직장에 대한 관점을 바꾼다면, 힘들어도 버텨낼 수 있다. 지금의 힘든 순간을 이겨내고 훗날 꿈을 실현한다면 그동안 한 고생의 수백 배, 수천 배에 이르는 보상을 받을 수 있다.

젤라토 아이스크림 카페 카페띠아모의 김성동 사장. 그는 학창시절 '프랜차이즈 회사 설립'이라는 분명한 목표를 세웠다. 대학을 졸업한 김 사장은 목표를 이루기 위한 전 단계로 중소 프랜차이즈 회사에 입사했다. 그는 과거 중소 프랜차이즈 회사에 입사한 것에 대해 "회사의 크기보다는 내 꿈의 크기가 중요했기 때문에 남들의 시선은 의식하지 않았다"라고 말했다.

그는 그곳에서 아이스크림 원료 유통에서 제조 기술, 배합법, 점포

컨설팅에 이르기까지 아이스크림 프랜차이즈에 관한 모든 업무를 익혔다. 그는 "작은 회사라서 오히려 다양한 업무를 배우는 데 도움이 되었다"라고 말했다. 그는 10년간의 실전 경험을 토대로 '카페띠아모'라는 브랜드의 젤라토 아이스크림 카페를 창업했다. 웰빙 추세에 맞춰 유지방 함량이 낮은 젤라토가 아이스크림 시장의 다음 트렌드가 되리라 판단했기 때문이었다.

그는 아이스크림 전문점의 약점으로 지적되는 겨울철 매출 감소를 극복하기 위해 고심했다. 그러곤 매장을 카페 형태로 꾸미고 에스프레소커피, 케이크 등의 메뉴를 접목함으로써 겨울철 아이스크림 전문점의 약점을 보완했다. 그의 예측대로 카페띠아모는 시중에 선보인 지 4년 만에 가맹점 200개를 돌파했다.

김성동 사장은 "지금 당장 눈에 보이는 것보다 미래를 내다보고 자신의 진로를 결정하는 게 중요하다"라고 충고했다.

젤라토 아이스크림 전문점 띠아모는 프랜차이즈의 본고장인 일본에 진출하는 쾌거를 이룬 바 있다. 지금도 100여 개의 매장을 거느린 우리나라 대표 아이스크림 전문점 카페 브랜드다.

당신이 성공 못 한 이유는 딱 하나입니다

아무리 대단한 능력을 갖추고 있다고 해도, 아무것도 하지 않는다면 아무 일도 일어나지 않는다. 명사수라 하더라도 활시위를 당기지 않는다면 그 어떤 것도 맞힐 수 없다. 나는 한 번뿐인 인생 제대로 살아야 한다고 외치고 싶다. 자신이 태어난 목적, 살아가는 이유를 깨닫는다면 하루하루를 대충대충 살 수 없을 것이다. 원하는 것이 있다면 실패에 대한 부담이 따르더라도 도전해야 한다. 그리할 때 우리는 그 과정에서 지혜와 깨달음을 얻을 수 있기 때문이다.

지칠 줄 모르는 득점포와 수비수들을 무력화시키는 압도적 플레이로 젊은 나이에 이미 월드 클래스의 반열에 오른 손흥민 선수. 지금의 그를 있게 한, 그의 아버지 손웅정이 쓴 책 《모든 것은 기본에서 시작한다》에 보면 이런 말이 있다. 가슴에 와닿는 내용이어서 소개한다.

"성공은 선불이다. 그건 분명하다. 성공은 10년 전이든 15년 전이든 내가 뭔가의 값을 선불로 지불했을 때 10년 후에든 15년 후에든 주어질 가능성이 있다. 선불한 바가 없는데 내 앞에 어느 날 갑자기 성공이 찾아오지는 않는다."

그렇다. 포기하지 않으면, 실패란 없다. 멈추지 않으면 반드시 해낼 수 있다. 어떤 어려움이 따르더라도 계속 앞을 향해 나아가야 한다. 도전해야 한다는 뜻이다. 도전은 성공 확률을 높여준다. 물론 도전하는 과정에서 실패를 맛볼 수도 있다. 그런데 이 실패가 최고의 인생학교다. 자신의 꿈을 성취한 사람들 가운데 단 한 번도 실패하지 않은 사람은 없다. 그들은 도전하고 실패할 때 더 잘 되는 법, 더 크게 성공하는 법을 배우곤 했다.

인생은 위험의 연속이다. 어차피 위험한 인생이라면 가만히 선 채 위험을 받아들여선 안 된다. 오히려 자신이 바라는 곳을 향해 거침없이

나아가야 한다. 도전을 통해 내가 얼마나 대단한 존재인지를 세상에
드러낼 수 있다.

02

성공하려면
불편함을 감수하라

"성공의 비결은 목적의 불변에 있다. 하나의 목표를 가지고
꾸준히 나아간다면 성공한다. 그러니 사람들이 성공하지 못하는 것은
처음부터 끝까지 한길로 나아가지 않았기 때문이다.
최선을 다해 한길로 나아간다면 장벽을 뚫고 만물을 굴복시킬 수 있다."

– 영국 정치가, 벤저민 디즈레일리(Benjamin Disraeli)

많은 사람이 크게 성공한 사람들을 보며 착각하는 것이 있다. 그들은 흙수저, 무스펙인 자신들과는 달리 금수저로 태어나 출발선부터 유리했을 거라고 생각하는 것이다. 하지만 그들이 걸어온 길을 살펴보면 이는 커다란 착각임을 알 수 있다. 성공자들 대부분은 물 한 모금 마실 수 없는 사막과 같은 곳에서 꿈과 도전, 열정만으로 지금의 성공을 일궈냈기 때문이다.

성공으로 가는 과정에는 어김없이 시련이 도사리고 있다. 처음 해보는 일에 도전하다 보면 무참히 깨지는 일이 다반사다. 그래서 성공자들은 웬만한 어려움에 좌절하지 않는다. 그동안 시련들을 극복하면서 멘털이 단단해졌기 때문이다. 무엇보다 그들은 지금의 힘든 과정을 이겨내면 한 단계 올라설 수 있다는 것을 잘 알고 있다.

성공과 실패를 가르는 절반은 인내다

'세기의 팔방미인' 가브리엘 샤넬(Gabrielle Chanel). 별명 코코(Coco)로 유명한 그녀가 샤넬을 지금처럼 세계 최고의 브랜드로 키워낼 수 있었던 힘은 열정과 도전 정신이었다. '패션은 지나도 스타일은 남는다'라는 그녀의 명언처럼 샤넬은 스타일을 아는 여성이라면 하나쯤은 소유하고 싶어 하는 명품이다. 샤넬은 한눈에 알아볼 수 있는 명품이다. 거친 질감의 트위드 천으로 제작한 샤넬 슈트나 독특한 체인과 스티치가 트레이드 마크인 샤넬 백은 브랜드의 입지만큼이나 독보적이다.

1921년에 처음 출시된 샤넬 No.5 향수는 지금도 전 세계에서 30초에 한 병씩 팔리고 있지만, 향기는 100여 년 전 그대로다. 1926년에 처음 나온 무릎 위 길이의 리틀 블랙 드레스(LBD)는 현대적 여성 의상의 원조로 불린다. 지금도 인기를 구가하고 있음은 물론이다. 이처럼 샤넬은 시대를 초월해 오래되어도 신선한 느낌을 준다.

그렇다면 샤넬의 창업자 가브리엘 샤넬의 저력은 어디에서 나왔을까? 잠시 그녀의 성장기를 들여다볼 필요가 있겠다. 가브리엘은 성공 후의 화려한 모습과는 달리 장돌뱅이 아버지에게 12세 때 버림받고 수도원 부속 보육원에서 자라는 어려움을 겪었다. 사실 그녀에게 어린 시절은 두 번 다시 돌이키고 싶지 않은 불행 그 자체였다. 그만큼 처량하고 비참한 시기였다.

그녀는 수도원을 나와 부유한 친구이자 애인인 에티엔을 만나게 된다. 에티엔 덕분에 그녀는 아무 일도 하지 않고 화려한 상류생활을 즐길 수 있게 되었다. 하지만 그녀는 그런 삶을 선택하지 않았다. 스스로 직업을 갖고 일하지 않고는 자존감을 지킬 수 없다고 생각했기 때문이다. 그런 삶은 그녀가 생각하는 진짜 삶과 맞지 않았다.

수녀원 부속 학교에서 재봉기술을 익혔던 그녀는 작은 상점을 열고, 모자 만드는 일부터 시작했다. 주름 장식과 버슬(Bustle)에 싫증이 났던 당시 여성들은 깔끔한 선과 간결한, 여성스러움이 빛나는 샤넬 디자인에 열광했다. 이는 그녀의 첫 성공으로 이어졌다.

그녀는 끊임없이 새로운 것에 도전했다. 제2차 세계대전이 일어났을 때는 돌연 패션계를 떠난 적도 있었다. 하지만 그때 그녀는 자신이 좋아하는 일을 하지 않으며 쉬는 건 지루하다는 걸 깨닫는다. 그녀는 "허무에 빠져 있기보다는 차라리 실패하는 편이 더 낫다"라고 말하며 71세라는 황혼기에 다시 일터에 복귀한다. 그러곤 세상을 떠나기 전까지 자신의 생각을 주위 시선에 아랑곳하지 않고 행동으로 옮겼다.

그녀는 다음과 같은 명언을 남겼다.

"사람들은 내 옷차림새를 보고 비웃었다. 하지만 그것이 내 성공비결이었다. 나는 누구와도 같지 않았다."

도전 없이 쉽게 이루어진 그 어떤 성공도 없다. 성공에 도전은 반드시 필요한 요소다. 그런데 새로운 일에 도전한다는 것은 말처럼 쉽지 않다. 긴장되고, 불안하고, 두렵기만 하다. 왜 그럴까? 도전이 꼭 성공으로 이어진다는 보장이 없기 때문이다. 사실 대부분의 도전은 실패로 끝난다. 그래서 시작하기도 전에 지레 겁먹고 포기하는 것이다.

성공보다 실패가 많다는 의미는 당신에게 기회가 많다는 뜻이기도 하다. 만약 모든 사람이 도전에 성공한다면 어떻게 될까? 분명 당신에게 돌아갈 기회는 없을 것이다. 많은 실패를 예견하고 사람들 대부분은 도전하지 않는다. 그러니 지금부터 제자리에 멈춰져 있는 삶을 다시 일으켜 세워야 한다. 그렇게 조금씩 앞으로 나아갈 때 새로운 가능성이 열릴 것이다.

과거의 나는 기초생활수급자, 전문대 졸업, 무스펙, 언어장애, 거액의 빚 유산, 신용불량까지, 그야말로 밑바닥 인생을 기었다. 당시 내가 가장 원했던 것은 경제적 자유인이 되는 것이었다. 20대 중반 시절에는 서울 영등포의 고시원에서 살면서 막노동하며 글을 썼다. 한번은 공사판에서 일하다 못에 발을 찔려 며칠 동안 일을 나가지 못했다. 그러다 수중의 돈이 다 떨어져 나는 사흘 동안 굶어야 했다. 하지만 그런 어려움 속에서도 나는 퉁퉁 부은 발을 고시원 책상 위에 올려놓고 필사적으로 키보드를 두드렸다. 그렇게 꿈을 이루기 위해 치열하게 살았다.

내게 평생 쓰고도 남을 돈과 풍요를 가져다준 부자 확언

과거 우리 집은 동네에서 가장 가난했다. 게다가 거액의 빚이 있었다. 아버지는 예순이 넘으신 연세에 대구 달성군 달성공단에 위치한 아파트에서 경비원으로 일하시며 70만 원 정도의 월급을 받으셨다. 전문대를 졸업한 나는 남들에게 내세울 수 있는 스펙 하나 없었다. 말까지 더듬었던 나는 자존감까지 바닥이었다. 이런 내가 성공할 수 있는 길은 꾸준히 책을 써서 퍼스널 브랜딩 하는 방법밖에 없다고 믿었다. 나는 사람들에게 나의 지식과 경험, 깨달음 등을 들려주는 동기부여 강사, 코치가 되고 싶었다. 당시 나는 다음과 같은 성공 확언, 부자 확언을 A4 용지에 적어서 방 여러 곳에 붙여 두었다. 심지어 냉장고 문과 누우면 저절로 보게 되는 천장에도 붙였다. 지갑에도 넣어 다니며 문득 삶이 힘든 나머지 죽고 싶어지거나 미래에 대해 불안감이 들 때면 소리 내 읽으면서 마음을 다잡곤 했다.

나는 특별한 삶을 살기 위해 태어났다!

나는 전지전능한 하나님의 아들이다! 나는 성공할 수밖에 없다!

나는 많은 사람들에게 사랑받는 베스트셀러 작가다!

내가 펴낸 책들의 저작권이 해외 여러 나라에 수출되어 책으로 출간된다.

수많은 사람이 내가 쓴 책을 사려고 서점으로 몰려든다!

나는 내 이름으로 된 아파트와 건물, 땅을 소유하고 있는 부동산 부자다!

나는 1,000억 자수성가 부자가 된다!

나는 60만 원의 월급을 받는 직장인임에도, 출근 전과 퇴근 후 부자 확언이 적혀 있는 종이를 수시로 보았다. 내가 바라는 모습이 이미 이루어진 것처럼 생생하게 상상했다. 직장에서 일할 때도 습관적으로 내가 꿈꾸는 미래를 생각했다. 그 꿈이 이루어진 결과를 떠올렸다. 서른이 넘어서도 이런 나만의 의식은 계속되었다. 이 과정에서 내가 바라는 것은 곧 성취된다는 믿음이 더욱 단단해졌다.

아무것도 가진 것이 없었던 나는 책을 출간해 퍼스널 브랜딩이 안 되면 사람 구실 못한다는 각오로 살았다. 나는 친구들을 거의 만나지 않았다. 그 대신 퍼스널 브랜딩에 내 시간과 돈, 노력을 집중했다. 세상에 나를 알리려면 어떻게 해야 하지, 고민하다가 책 쓰기를 택했다. 그 선택이 지금의 나를 만들었다고 해도 과언이 아니다. 나는 책 출간 후 나의 지식과 경험을 사람들에게 들려주고 돈을 버는 무자본 창업가가 되고 싶었다. 정말 많은 사람이 내 책을 읽고 나에게 상담과 코칭을 받고 싶다며 연락해왔다. 고백하건대 나는 2년제 대학밖에 나오지 않은 사람이어서 학벌에 대한 열등감이 정말 컸다. 그런데 책 출간 후 사람들은 나를 작가로, 선생님으로 대우해주었다. 그러자 나도 모르게 자존감이 높아졌다. 어깨에 '뽕'이 들어간 기분이었다. 책 출간 후 기업과 관공서, 백화점 등 다양한 곳에서 강연가로 활동할 기회도 생겨났다. 평생 나를 괴롭혔던 학력 콤플렉스를 비로소 떨쳐버릴 수 있었다. 만약 책을 쓰지 않았더라면, 내가 비참하게 사는 이유가 가난한 부모 탓, 학벌 탓이라고 생각했을 것이다.

나는 당당하게 말할 수 있다. 과거에 나는 무엇을 해야 삶이 달라지는지 정확히 알았다. 그리고 목숨 걸고 행동했다. 만약 내가 도전하지 않았더라면 많은 시간 불평불만, 자기 연민에 빠져 삶을 낭비했을 것이다. 지금에 와서 보면 과거 내가 너무나 간절히 소망했던 것들이 모두 이루어졌다. 지금까지 나는 100개 이상의 꿈과 목표를 이루었다.

도전하지 않는 사람에게는 그 어떤 희망도 기대할 수 없다

오래전 조선일보 송동훈 기자가 쓴 '실패 두려워하지 않는 도전정신이 성공의 비결'이라는 제목의 기사를 읽었다. 코로나19의 여파로 많은 사람이 힘들어하는 지금 이 시기에 의미하는 바가 커 이 지면에 소개하고자 한다.

국내 바비큐치킨 업계의 강자인 '훌랄라'의 김병갑 회장. 그의 성공 비결 역시 여느 성공자들과 다르지 않게, 실패를 두려워하지 않는 도전 정신이다. 20대에 중소 속옷 유통회사를 운영했던 그는 사업을 확장하던 도중에 잘못된 하청계약으로 회사 문을 닫아야 하는 아픔을 겪었다. 사업을 정리한 후에 그에게 남은 건 전세금이 전부였다. 그는 사글세 단칸방으로 집을 옮긴 후 전세금을 빼서 마련한 2,000만 원으로 사업에 재도전했다. 종목은 닭고기 유통사업. 프랜차이즈 치킨전문점을 중심으로 닭고기를 납품하면서 치킨 프랜차이즈 사업의 생리를 밑바닥에서부터 익혔다.

그는 소스와 조리기 개발에만 4년을 투자하는 등 차근차근 사업을 준비했다. 그는 당시 "브랜드 경쟁력을 갖추고 착실하게 한 발씩 내딛다 보면 반드시 큰 사업체로 키워낼 수 있을 거라 확신했다"라고 회상했다.

그 결과 훌랄라는 500여 개의 가맹점에 3,000여 명에 이르는 직원을 이끄는 기업으로 성장했다. 자신의 분야에서 성공을 일궈낸 것이다.

그는 청춘들에게 이렇게 말한다.

"실패에 굴하지 않는 도전 정신이야말로 내 성공의 비결이다. 지금 젊은이들도 취업이 안 된다고 한탄만 하지 말고 오뚝이 같은 창업가 정신으로 세상과 맞서라. 그러면 승리할 날이 반드시 찾아올 것이다."

지금 현실이 불안하고 막막한 것은 더 나은 삶을 위해 도전하지 않기 때문이다. 고민에 휩싸여 있는 지금 사람들은 어떻게 해야 삶이 개선되는지 분명히 알고 있다. 그런데도 다양한 변명과 핑계를 대며 아무 일도 하지 않는다. 갈수록 더 힘든 삶을 살게 되는 이유다. 도전하지 않는 사람에게서는 그 어떤 희망도 기대할 수 없다. 나는 힘들다고 말하는 사람들에게 좌절하고 절망하는 그 시간에 더 나은 삶을 위해 행동하라고 말하고 싶다. 우리는 죽어 관 뚜껑이 닫히기 전까지 인생을 충분히 개선할 수 있다. 우리는 자신이 바라는 인생을 창조할 수 있는 유일한 존재이기 때문이다.

03

두려움, 그것은
당신이 만들어낸 환상이다

"내 비장의 무기는 내 손안에 있다. 그것은 희망이다."

— 프랑스 황제, 나폴레옹(Bonapart Napoleon)

과거의 나는 가난에 대한 열등감이 너무나 컸다. 잘사는 집에서 태어난 친구들이 괜스레 얄미운 생각이 들곤 했다. 값비싼 외제 차에 명품을 걸치고 다니는 부자들이 싫었다. 화려하게 사는 모습을 보여주는, 성공한 연예인들 역시 고운 시선으로 바라보지 않았다. 가난한 우리 집의 처지와 비교하면서 심한 괴리감을 느꼈기 때문이다.

하루가 멀다 하고 사람들이 경제적인 어려움으로 극단적인 선택을 했다는 뉴스를 접하게 된다. 코로나19로 가중된 경제적 어려움으로 힘든 탓인지, 요즘은 이런 소식이 너무 자주 들려온다. 나는 어려서부터 가난으로 인한 고통이 영혼 깊이 새겨진 탓에 그들의 심정에 어느 정도 공감할 수 있다. 아무리 깡촌이라고 해도 보통 농사짓는 사람들은 밭 한 뙈기, 논 한 마지기 정도는 소유했었다. 그런데 대구 달성군

유가면 비슬산 자락 아래의 시골 마을에 살던 우리 집에는 그마저도 없었다. 아버지는 동네 사람들의 논과 밭을 빌려서 일정한 소작료를 주고 농사를 지으셨다. 농사를 지으시면서도 마을 근처의 연탄보일러 공장에서 어머니와 함께 일하셨다. 뜨거운 열기를 무릅쓰고 하루에 수백 개의 연탄보일러를 만드셨지만, 한 달 월급은 고작 35만 원 정도였다. 그러다 보니 자주 이웃집에 돈을 빌리러 다니셨다. 누나들과 내가 학교에 급히 내야 할 돈이 있을 때도 이웃집에 부탁했다. 그러곤 월급 다음 날에 이자를 쳐서 갚아주곤 했다. 나는 유년 시절, 초등학교 시절 부모님께서 돈 때문에 다투시는 모습을 자주 봤다. 한 달 내내 음료수 하나 안 사 마시고 일했지만, 이웃집에서 빌린 돈을 갚고 나서 남는 돈이 거의 없을 때면 어머니는 너무나 속상해하시며 펑펑 우셨다. 힘든 육체 노동으로 인해 얼굴이 핼쑥하고 눈이 퀭하신 아버지는 그 옆에서 한숨만 쉬셨다. 그때 나는 우리 집 형편이 너무나 힘들구나, 직감했다. 부모님은 공장에서 일하시느라 나와 두 누나의 초등학교와 중학교, 고등학교 졸업식에도 한번 오시지 못했다. 그 정도로 치열하게 사시는데도 우리 집은 너무나 가난했다. 그렇게 가난하다 보니 사람들은 다른 곳에서 이사 온 우리 부모님을 은근히 따돌리거나 무시하곤 했다. 심지어 폭력을 가하는 일도 있었는데, 나는 그런 광경들을 다 보며 자랐다.

기초생활수급자를 200억 자수성가 부자로 만들어준 것

우리 집은 내가 23세 때까지 기초생활수급자 가정이었다. 나는 그런 사실이 너무나 창피했다. 내가 친구들에게 우리 집 이야기를 거의 하지 않은 이유다. 평소 술을 많이 드시던 아버지는 내 나이 28세 때 농약을 드시고 세상을 버리셨다. 당시 내 가슴속은 이루 말할 수 없는 분노로 가득 찼다. 우리 집이 가난하지 않았더라면 아버지께서 돌아가시지 않았을 텐데, 하는 생각을 많이 했다.

나는 장례지도사가 아버지의 시신을 염할 때, 옆에서 아버지를 지켜보며 이런 결심을 했다. 가난 때문에 우리 가족은 너무나 힘든 삶을 살았지만, 지금부터 가난과 결별하겠다, 우리 부모님은 그러시지 못했지만 내 힘으로 가난이라는 족쇄를 끊어내겠다고 말이다. 그 후 나는 마음속에 가득 차 있던, 가난에 대한 분노를 성공과 부자가 되겠다고 다짐하는 화력으로 바꾸었다. 나는 내 일에서 최고가 되리라 다짐했다. 최고가 되면 사람들이 인정해줄 것이고, 그러면 자연스레 돈은 따라올 거라고 생각했다. 가난하다고 부모님을 멸시하고 무시했던 사람들에게 자식인 내가 크게 성공한 모습을 보여주는 것이 최고의 복수라고 여겼다.

문득 20대 시절 함께 시와 글을 쓰던 지인이 생각났다. 그와 나는 작가가 되어 자신의 이름이 들어간 책을 펴내겠다는 꿈을 가지고 있었다. 그래서 매일같이 치열하게 책을 읽고 글을 썼다. 당시 그와 나는 고시원에서 생활했는데, 주식이 라면이다시피 했다. 그런데도 나는 현실이 불행하게 여겨지지 않았다. 꿈이 실현된 모습을 떠올리면 가슴이 두근거리고 정말 행복했기 때문이다.

그러나 그는 그렇지 않았나 보았다. 글을 쓴 지 3년이 넘어갈 즈음 그는 막막한 자신의 미래에 대한 두려움을 토로하기 시작했다. 몇 년 동안 미친 듯이 글을 썼으면 지금쯤은 책이 세상에 나올 때도 되지 않았느냐며 불평했다. 결국, 그는 글쓰기를 포기했다. 그러곤 먹고살기 위해 자동차 영업사원이 되었다. 그렇게 그와 나는 가는 길이 갈렸다.

오래전에 그가 나에게 했던 말이 기억난다.

"서점에서 자주 네 안부를 접한다. 정말 열심히 쓰더니 끝내 작가가 됐네. 그때를 생각하면 정말 지긋지긋한데 넌 잘 버텨냈구나."

그는 시무룩한 표정으로 덧붙여 말했다.

"요즘은 자동차 세일즈도 못 해 먹겠다. 힘도 들고 이젠 질린다. 하지만 모아놓은 돈도 없고 뾰족한 재주도 없으니 이러고 산다. 나도 그때 너처럼 중간에 포기하지 말고 계속 글을 쓸걸. 요즘 자주 이런 후회가 들더라."

그는 중간에 글쓰기를 포기했던 것을 뼈저리게 후회하고 있었다. 그러나 후회하는 것은 지나간 버스에 손 흔드는 것과 다를 바 없다.

나 역시 지금과 같은 삶을 살 거라는 확실한 보장 없이 글쓰기에 매달릴 당시 너무나 힘들고 고통스러웠다. 그때를 떠올려보면 그 힘든 고난의 시간을 어떻게 버텨냈는지 나 자신이 대견스럽기만 하다. 내 지독한 노력이 나를 배신하지 않고 나에게 수천 배, 수만 배의 결실을 보게 해주었으니 말이다.

세상에는 꿈을 향해 나아가다가도 끝까지 버텨내지 못하는 이들이 많다. 쉽게 중도에 포기하고 마는 것이다. 이는 힘든 가운데 앞으로 나아가는 게 인생이라는 걸 알지 못하는 탓이다. 포기하고 싶을 때 이를 악물고 좀 더 나아간다면 분명 삶은 개선된다. 나아가 꿈을 실현할 수도 있다. 포기하고 싶을 정도로 지쳤다는 것은 정상이 코앞이라는 뜻이다.

성공과 실패는 단 한 번만 주어지는 게임이 아니다

'아시아의 빌 게이츠'로 불리는 김윤종 회장(스티브 김). 그는 28세에 빈손으로 미국에 건너가 막노동으로 생계를 유지하며 학업을 마친 후, 지하 차고에서 사업을 시작했다. 지난 1993년 컴퓨터 네트워크 업체 자일랜을 창업하고 1996년 나스닥에 상장시킨 후 1999년 알카텔에 20억 달러를 받고 매각했다. 그리고 이로써 벤처 신화가 된 인물이다.

그는 한 인터뷰에서 자신의 성공비결에 대해 이렇게 말했다. "처음부터 창업하고 이를 통해 부자가 될 것이라 기대했던 것은 아닙니다. 저는 대기업에 다니면서, 마치 기계의 부속품처럼 변해가는 저의 모습을 참을 수 없었고, 그래서 소기업을 선택했습니다. 직원이 30명 남짓한 작은 회사였던 '페일로옵티컬시스템'에서 저는 제가 만든 제품을 어떻게 판매해야 하는지, 그리고 저와 비슷한 제품을 만드는 기업들은 어떤 방법으로 제품을 개발하고 있는지 알게 되었습니다. 그뿐만 아니라 고객들이 어떤 제품을 원하고 있는지도 알게 되었는데, 이는 창업에 필요한 자산이 되었습니다."

이후에 생활은 안정되었지만, 그는 현실에 안주하지 않았다고 했다. 회사를 과감히 그만두고 차고에서 사업을 시작한 후, 고객의 요구에 부응하고 다른 회사보다 더 나은 제품을 만들기 위해 노력했다.

그 결과 일 년 만에 시제품을 만들었고, 첫 고객인 NASA에 그것을 판매함으로써 성공적인 데뷔를 할 수 있었다고 했다. 이어서 "맨손으로 시작한 제가 큰 성공을 거둘 수 있었던 것은 무엇보다도 편안함에 안주하지 않는 도전 정신 때문이었다고 생각합니다. 물론 성실성과 결단력, 인재채용 등도 중요하지만 가장 중요한 것은 역시 끊임없는 열정과 도전이었다고 스스로 평가합니다"라고 말해 주었다.

김윤종 회장은 자신의 성공비결을 이렇게 담담하게 이야기했지만, 그가 걸어온 길은 투쟁의 역사라고 해도 과언이 아닐 정도로 힘든 세월이었다. 그러나 그는 단 한순간도 자신의 성공을 의심하지 않았다. 이는 바위처럼 버티고 서 있는 시련과 역경을 강한 열정과 도전 정신으로 뛰어넘는 배경이 되어주었다.

김윤종 회장의 과거는 누구보다 초라하고 힘들었다. 하지만 강한 도전 정신으로 성공이라는 금자탑을 쌓을 수 있었다. 이처럼 성공은 힘든 상황에서도 꿋꿋하게 한 발 한 발 내딛는 사람에게 주어진다.

현대그룹 고(故) 정주영 회장은 새로운 사업 추진을 앞두고 실패를 두려워하는 임직원들에게 "해보기는 했어?"라고 호통을 쳤다 한다. 현대그룹이 지금과 같은 글로벌 기업으로 거듭날 수 있었던 것은 실패를 두려워하지 않는 그의 이런 도전 정신이 있었기 때문이다. 성공은 생각보다 가까이 있다. 한 발 더 내디뎌보라. 이 한 끗 차이로 승패가 결정된다고 생각하라. 마지막으로 김윤종 회장의 말을 곱씹어보자.

"저는 27세 때 거의 빈털터리였고, 35세에는 가족이 있는 상태에서 차고로 들어갔습니다. 제가 성공했다고 자신 있게 말할 수 있는 기간은 불과 10여 년입니다. 누구에게나 아직 기회는 있습니다. 어제까지의 삶은 이제 바꿀 수 없지만, 내일의 모습은 내가 오늘을 어떻게 사느냐에 달려 있습니다."

04

금수저? 흙수저?
수저 타령 그만하라

"성공이란, 열정을 잃지 않고 실패를 거듭할 수 있는 능력이다."

– 영국 정치가, 윈스턴 처칠(Winston Churchill)

실패를 겪게 되면 사람들은 두 부류로 나뉜다. 실패를 실패로 받아들이고 멈추는 사람과 실패 속에서 깨달음을 얻고 다시 도전하는 사람이다. 전자는 실패자의 삶을 살아가게 될 것이고, 후자는 자신의 꿈을 성취한 성공자의 삶을 살게 될 것이다.

'여신'이란 수식어가 가장 잘 어울리는 할리우드 여전사 앤젤리나 졸리(Angelina Jolie). 그녀는 세계의 남성들이 뽑은 가장 섹시한 배우이자 여성들이 가장 닮고 싶어 하는 배우 중의 한 사람으로 꼽히기도 했다. 물론 그녀는 섹시한 외모 못지않은 당당한 자신감으로 전사, 새침한 아나운서, 정신병동의 환자 등 어떤 역할을 맡아도 떡하니 소화해내는 일류 배우다.

그녀는 세계 난민을 돕는 자선사업가로 활동하면서 입양한 아이들도 키우는 훌륭한 엄마의 모습까지 보여주었다. 그녀는 전 세계 많은 사람의 롤모델이 되었지만, 과거는 어떠했을까? 그녀는 한 인터뷰에서 "마약을 복용하는 골칫덩이에 외모 콤플렉스에 극심히 시달렸다"라고 밝힌 바 있다. 그녀가 밝힌 어린 시절과 지금을 비교해보면, 가히 충격적이기까지 하다.

그녀는 10대 시절 극심한 외모 콤플렉스에 시달렸다. 치아교정기를 끼고 안경을 쓴 데다 너무 말랐다는 이유로 친구들의 놀림을 받곤 했다. 자괴감에 시달리던 그녀는 급기야 14세 때 자해를 하기까지 했다. 그처럼 불행했던 그녀가 지금처럼 세계적인 연기파 배우로 당당하게 성공할 수 있었던 건 기적에 가깝다. 물론 기적은 아니다. 그녀는 누구보다 철저하게 자기관리를 해왔으며, 자신에게 주어지는 배역은 어떤 역할이든 주저하지 않고 도전했다.

졸리는 영화 〈툼 레이더〉에서 여전사 역할을 제대로 해냈다는 평을 받았다. 물론 가냘픈 몸매의 그녀에게 여전사 역할은 도전에 가까웠다. 그러나 그녀는 실제 여전사처럼 행동하기 위해 어떤 노력도 아끼지 않았다.

그녀는 여전사 역할을 소화해내기 위해 매일 아침 7시에 일어나 요가로 하루를 시작했다. 단백질 셰이크를 마시고 근육질 몸을 만들기 위해 강도 높은 트레이닝과 식단 조절에 나섰다. 게다가 발레에 다이빙을 연습하고 특수부대의 힘을 빌려 무기 사용법을 배웠으며 축구와 킥복싱도 완벽하게 익혔다. 그런 치열한 노력과 도전을 마다하지 않았기에 지금의 그녀가 될 수 있었던 것이다.

원대한 꿈을 가진 사람일수록 실패에 대한 두려움을 던져버려야 한다. 그러다 보면 보통 사람들은 겪지 않아도 되는 시련을 겪는 일도 많을 것이다. 그럼에도 불구하고 도전을 멈추지 말아야 한다. 우리는 끊임없이 항해하는 배처럼 꿈을 향해 도전하기 위해 태어났다. 도전은 우리가 어떤 능력을 갖췄는지, 어디까지 갈 수 있는지 확인시켜준다.

다른 사람의 삶을 사느라 시간을 낭비하지 마라

지금부터 내가 소개하는 인물은 과연 누구일까? 그는 젊은 시절, 자신의 인생을 집어삼키는 듯한 실패를 경험하게 된다. 숱한 좌절과 절망 속에서 자살을 생각하기까지 했다. 하지만 포기하지 않고 자신이 어떤 존재인지 증명해냈다.

1955년 미국 샌프란시스코 출생

1972년 리드대학 중퇴

1974년 게임 업체 아타리 입사

1976년 스티브 워즈니악과 애플컴퓨터 공동 설립

1983년 잡스가 스카우트한 존 스컬리가 사장 취임

1985년 스컬리 사장과 대립으로 퇴사, NeXT 설립

1996년 경영 부진에 빠진 애플에 고문으로 복귀

1997년 애플 CEO 취임

1998년 아이맥 발표

2001년 아이팟 발표, 애플스토어 개설

2003년 아이튠즈 서비스 개시

2004년 췌장암 수술

2007년 아이폰 발표

2009년 간이식 수술

2010년 아이패드 발표

2011년 CEO 사임

　그렇다. 아이폰과 아이패드, 〈토이 스토리〉를 탄생시킨 애플의 창
업주 스티브 잡스(Steve Jobs)다. 그는 애플2와 매킨토시를 출시함으
써 세계 최초로 개인용 컴퓨터 시장을 열었다. 그리고 아이팟, 아이폰
과 아이패드를 출시하는 등 새로운 산업 패러다임과 라이프스타일을
끊임없이 창조했다. 그는 자신이 설립한 애플에서 쫓겨났을 때 애니메
이션 회사 픽사를 인수해 애니메이션 〈토이 스토리〉를 성공시켰다. 그
는 지구상에서 가장 성공한 최고경영자로 기억된다. 하지만 그의 과거
를 들여다보면 성공보다 실패한 경험이 더 많다는 것을 알 수 있다. 그
는 기업가로서도 두 차례의 큰 실패를 맛봐야 했다. 자신이 만든 애플
사에서 이사회와 갈등을 빚다 1986년 쫓겨났고, 애플을 나와 만든 넥
스트 컴퓨터는 너무 비싸다는 이유로 소비자로부터 외면당하는 수모
를 겪어야 했다.

　흥미로운 사실은 잡스는 많은 실패를 경험했음에도, 실패를 두려워
하지 않았다는 것이다. 오히려 그가 실패를 은근히 즐기는 것으로 비
쳐질 정도였다. 사실 세상에 실패를 반기는 사람은 아무도 없다. 실패
에 따르는 고통과 괴로움, 부끄러움 등으로 두 번 다시 그런 일을 겪고
싶지 않다는 생각을 하게 된다.

30세 때 잡스는 자신이 세운 애플에서, 그것도 자신이 영입한 존 스컬리(John Sculley)에게 쫓겨나는 수모를 당했다. 그 자괴감이 얼마나 컸던지 그는 식음도 전폐한 채 불 꺼진 방에 우두커니 앉아서 생각만 했다고 한다. 당시 그의 친구들은 그가 혹시라도 극단적인 생각을 하진 않을까, 노심초사하며 지켜봐야 했고.

그러나 그는 언제까지나 자괴감에 빠져 자신을 학대하지 않았다. 오히려 애플로부터 자유로워진 그는 자신이 진정으로 원하는 일을 하기로 했다. 그리하여 넥스트사를 설립해 꿈 너머 꿈을 향한 초석을 다져나갔다. 그리고 얼마 지나지 않아 그는 경영 부진에 빠진 애플에 고문으로 복귀하게 된다. 그러곤 연간 10억 달러의 적자를 내던 애플을 흑자 기업으로 돌려놓았다. 그렇게 그는 10년 만에 멋지게 인생을 역전시키게 된다.

성공이라는 정상에는 반드시 도전이라는 과정이 필요하다

스티브 잡스는 세상을 떠나기 전 사람들에게 실패를 두려워하지 말고 도전하라고 충고했다.

"내가 곧 죽을 것임을 기억하는 것은, 내가 중요한 결정을 내려야 할 때 가장 도움이 되었던 도구입니다. 왜냐하면 외부의 기대, 프라이드, 부끄러움, 실패 등은 죽음 앞에서 모두 무의미해지기 때문입니다. 언젠가 당신이 죽으리라는 것을 기억하면 무언가를 잃을까 봐 두려워하는 덫에 빠지지 않습니다. 이미 당신은 벌거벗었습니다. 당신의 마음을 따르지 않을 이유가 없습니다."

성공이라는 정상에 이르려면 반드시 도전이라는 과정이 필요하다. 이루고 싶은 꿈과 목표가 있지만 실패가 두려워 행동하지 않는 사람은, 항해의 임무를 맡고 있는 배가 암초와 폭풍우가 무서워 안전한 항구에 정박해 있는 것과 같다. 아무것도 하지 않으면 아무 일도 일어나지 않는다. 그럼에도 불구하고 아무것도 하지 않고 가만있는 게 세상에서 가장 위험하다. 그런 이들은 시간으로 이루어져 있는 인생을 살며 끝내 아무것도 하지 않은 채 생을 마감하게 될 것이다.

그동안 나는 문화, 예술, 경제, 경영 분야에서 성공한 수많은 사람들을 만났다. 그리고 그들의 성공비결을 연구하고 분석했다. 그 결과 다음 세 가지를 기억하고 실천하면 반드시 자신의 분야에서 크게 성공한다는 걸 알게 되었다.

첫째, 원대한 꿈을 설정한다. 그 꿈을 향해 도전한다.
둘째, 어려움이 닥쳐도 포기하지 않고 끝까지 도전한다.
셋째, 실패 속에서 깨달음을 얻고 다시 도전한다.

05

성공을 부르는
'가스라이팅'

"소심한 사람은 성공할 확률이 낮다."

– 독일 극시인, 프리드리히 실러(Johann Christoph Friedrich von Schiller)

세계적인 성공학의 대가, 브라이언 트레이시(Brian Tracy)는 "시도한 모든 일에서 나는 실패와 실패와 실패를 경험했다. 좌절과 실망, 일시적 실패는 숨을 들이쉬고 내쉬는 것처럼 자연스러운 일이라는 걸 배웠다. 나는 학교에서 실패했고, 수많은 직업에서 적어도 처음에는 실패했다. 세일즈맨이 되었을 때도 수백 번의 실패를 경험했고, 경영진이 되어서도 끝없이 실수를 저질렀다. 나는 성공하기 전에 내 인생의 모든 단계에서 실패하고 또 실패했다"라고 말했다.

트레이시는 자신의 실패 경험, 즉 '실패학'을 이용해 입신한 인물이다. 캐나다 동부 프린스에드워드(Prince Edward)섬에서 태어난 그는 불우한 가정환경과 저조한 학업 성적으로 인해 고등학교를 중퇴했다. 고등학교 중퇴 후 그는 접시닦이, 벌목공, 주유소 주유원, 화물선 잡역부 등을 전전하며 낡은 중고차를 보금자리 삼아 추운 겨울을 보냈다.

그러다 어느 추운 겨울날 그는 낡은 중고차 안에서 끼니도 제대로 때우지 못하는 자신을 발견하게 되었다. 이를 계기로 자신의 미래를 떠올려보았지만 막막하기만 할 뿐이었다. 그는 좀 더 안정적인 직업을 가지기 위해 판매 영업에 뛰어들었다. 그러나 직업이 달라져도 현실은 그다지 나아진 게 없었다. 숙소가 중고 자동차에서 싸구려 모텔로 바뀌었다는 것뿐이었다.

그에게 어느 날 문득 이런 생각이 들었다.

'왜 세상은 '성공하는 사람'과 '실패하는 사람', '부자'와 '가난'한 사람들로 양분되는 걸까? 그 이유는 무엇일까?'

그 이유를 찾기 위해 그는 심리학, 철학, 경제학, 경영서 등을 닥치는 대로 읽었다. 아울러 회사에서 최고의 실적을 올리는 선배 세일즈맨을 찾아가 비결을 물었다.

"어떻게 하면 당신처럼 영업을 잘할 수 있습니까?"

그러자 선배 세일즈맨이 반문했다.

"먼저, 자네는 어떻게 일하고 있지? 자세하게 말해줄 수 있겠나?"

그는 선배 세일즈맨에게 자신의 세일즈 방식에 대해 말해주었다. 그러자 선배 세일즈맨은 그에게 이런저런 조언을 해주었다. 그는 선배 세일즈맨이 일러준 대로 고객에게 전화하거나 직접 만나는 방식으로 세일즈에 나섰다.

한편으론 틈틈이 자기계발 세미나를 찾아다니고 최고의 동기부여가의 육성이 담긴 테이프를 반복해 들었다. 그러자 놀라운 일이 일어났다. 제로에 가까웠던 영업 실적이 점차 상향 곡선을 그리기 시작한 것이다. 그리고 6개월 후 마침내 그는 회사에서 가장 높은 실적을 올린 세일즈맨이 되었다.

현재 IBM, 포드, HP, 지멘스, BMW 등 500개가 넘는 세계적인 기업들이 그의 성공학에 귀를 기울이고 있다. 그리고 그는 매년 강연을 통해 25만 명에 이르는 전 세계 사람들을 만난다. 365일 중 110일 강연하는 그의 강연 스케줄은 보통 일 년 전에 예약이 끝난다고 한다.

성공에 한 걸음 더 가까워지는 방법

그는 자신의 인생의 주인은 바로 '나'라는 생각으로 자신의 가능성에 도전했다. 그리고 고군분투한 결과 고등학교 졸업장도 없는 극빈층에서 연간 매출 3,000만 달러의 실전형 인력개발기업의 주인이 되었다.

트레이시는 성공의 법칙을 묻는 말에 이렇게 답한다.

"세상에 그런 법칙은 없다. 다만 성공한 사람들은 누구든지 엄청나게 많은 실수를 저질렀다. 그런데도 그들이 성공할 수 있었던 것은 포기하지 않는 고집과 도전 정신이 있었기 때문이다."

그는 중고차에서 잠자며 굶기를 밥 먹듯이 하던 시절에도 자신의 인생을 비관하지 않았다. 비록 현실은 힘들고 고달팠지만, 더 나은 인생을 위해 끊임없이 다른 직업에 도전했다. 그리고 마침내 자신이 가장 잘할 수 있는 일을 찾아냈다.

트레이시는 크게 성공했지만, 고등학교 중퇴자에 불과했다. 그러나 그는 30대에 늦깎이 대학생이 되어 10대 시절 못다 했던 공부를 파고

들었다. 그러곤 결국 앨버타 대학에서 학사 학위를, 컬럼비아퍼시픽 대학에서 경영학 석사 학위를 받았다. 그렇게 심리학, 철학, 경제학, 경영학 등 다양한 분야에 걸쳐 수많은 책과 논문을 섭렵하는 데 '3만 시간'을 투자했다. 그는 잠들어 있는 성공 시스템을 깨우는 방법을 담은 《브라이언 트레이시 성공의 지도》, 《백만 불짜리 습관》 등 여러 권의 저서를 출간하기도 했다.

나는 가끔 나에게 진로에 대한 조언을 구하는 메일을 받는다. 30대 초반의 한 중학교 교사는 학생들을 가르치는 일이 적성에 맞지 않는다며 조언을 구했다. 그녀는 예전부터 사진작가가 되고 싶었지만, 교사가 안정적인 직업이라는 부모님의 권유에 못 이겨 교사가 된 것이었다. 물론 교사라는 직업이 자신의 꿈과 무관했던 만큼 학생들을 가르치면서도 전혀 기쁨과 보람을 느낄 수 없었다. 시간이 지나면서 마음 한 쪽에 사진작가가 되고 싶다는 예전의 꿈이 되살아났다.

그러던 차에 내가 쓴 책을 읽고 메일을 보낸 것이었다. 나는 그녀에게 진정으로 원하는 일을 하라고 조언했다. 남은 인생을 가보지 못한 길에 대한 미련에 얽매어 살 수는 없지 않은가. 이는 맞지 않는 옷을 입고 있는 것과 같다. 무엇보다도 훗날 인생을 돌아볼 나이가 되었을 때 꿈을 실현해보지도 못한 채 스러져 가는 인생을 너무나 후회하게 될 것이었다.

나는 사람들에게 너무나 하고 싶은 일이 있다면 그것에 도전해보라고 조언한다. 도전해봐야지 그 일이 진짜 나와 맞는지, 안 맞는지 알 수 있기 때문이다. 그러니 도전해보지도 않고 머릿속에서 성패를 가늠

하려 계산기만 두드려선 안 된다. 이는 맛있는 눈앞의 음식을 직접 맛보지 않은 채 냄새만 맡고 맛이 없을 거라고 속단하는 것과 같다.

진정으로 하고 싶은 일이 있으면 주저하지 말고 과감히 도전해보라

꼭 실현하고 싶은 꿈이 있는가? 가슴이 시키는 일이 있는가? 그렇다면 어떻게 그 꿈을 빠르게 실현할 수 있을지 생각해보자. 무작정 도전하기보다 빠르게 성취할 수 있는 지름길을 찾아서 제대로 도전하는 것이 중요하기 때문이다. 종종 자신의 꿈에 대해 말하는 것을 부끄러워하는 사람들을 보게 된다. 이는 그들이 자신의 꿈보다 다른 사람들의 반응을 더 중요시하기 때문이다.

인생은 단 한 번뿐이다. 두 번, '다시'는 없다. 가슴이 시키는 일, 진정으로 하고 싶은 일이 있으면 주저하지 말고 과감히 도전해보라. 직접 도전해보면 성공이 생각보다 어렵지 않다는 것을 알게 될 것이다. 따라서 해보지도 않고 실패할까 봐 두려워 기회를 포기하는 어리석은 사람이 되어선 안 된다.

GETTING
BETTER

Part 6

성공하고 싶다면,
인생을 바꾸고 싶다면

열정

01

안정을 좇지 말고
하고 싶은 걸 하라

"진정한 성공은 평생의 업을 자신이 좋아하는 일에서 찾는 것이다."

– 미국 역사학자, 데이비드 매컬로(David McCullough)

세상에는 생각보다 다양하게 콤플렉스를 갖고 있는 사람들이 많다. 그러다 보니 꿈과 목표를 이루기 위해 노력해도 힘든 세상에 콤플렉스와 싸우면서 인생을 낭비하게 된다. 나는 오랫동안 교육사업을 해오면서 수만 명의 사람을 만나 상담과 코칭을 해주었다. 겉으로는 키가 크고 잘생긴 데다 스펙도 좋은데 말 못 할 콤플렉스를 가진 사람을 보곤 큰 충격을 받기도 했다.

콤플렉스로 힘든 사람들에게

과거의 나 또한 수십 년 동안 언어장애, 특히 말더듬증 때문에 남모를 고통 속에서 살았다. 심지어 자살을 생각할 정도로 정말 힘든 시간을 보냈다. 드라마나 영화를 보다가 언어장애가 있는 사람이 등장하면 나도 모르게 수치심이 들었을 정도였다. 그 정도로 말더듬증은 나한테 큰 고통이었다. 사람들과 대화하다 보면 신기하게 술술 말이 잘 나올 때도 있는 반면, 첫 단어가 아예 입 밖으로 나오지 않을 때도 있었다. 그때 당사자인 나도 죽을 만큼 괴롭고 답답한데 듣고 있는 사람 또한 얼마나 답답했을까, 싶다. 여러 외국어에 능통한 사람도 많은데, 나는 한국 사람임에도 우리나라 말조차 잘 못하니 정말 세상살이가 너무나 힘겹게 느껴졌다.

특히 학창시절, 언어장애 때문에 말로 표현할 수 없는 자괴감에 시달려야 했다. 그렇다고 다른 누군가에게 속마음을 털어놓을 수도 없었다. 상대에게 나의 약점을 까발리는 것 같았고, 그로 인해 놀림을 당하면 어쩌지 하는 걱정이 더 컸기 때문이었다.

언어장애에서 오는 콤플렉스는 군 생활에 이어 사회생활에까지 따라다녔다. 나는 의무경찰로 군 복무를 했다. 선임이 되어 보고자가 되었을 때는 정말이지 죽을 만큼 힘들었다. 매일 저녁 소대원들 앞에서 소대장에게 저녁 점호를 해야 하는데, 보고 과정에서 말실수하지 않을까 불안해했던 기억이 난다. 선임으로부터 "오늘부터 네가 보고자다"라는 말을 들었을 때 눈앞이 캄캄했다. 그때부터 밥이 잘 넘어가지 않았다. 매 순간 내가 잘할 수 있을까, 보고하는 중간에 말을 더듬으면 안 되는데… 이런 생각들로 머릿속이 터질 것 같았다.

그러고 보면 그동안 도전해보고 싶은 일들이 많았는데 언어장애 때문에 쉽게 포기했었던 것 같다. 당시 나는 말만이라도 정상적으로 잘하면 소원이 없겠다는 생각마저 했다. 한편으론 왜 나한테 언어장애를 주셨을까, 하나님을 원망하곤 했다. 언어장애를 고치기 위해 나는 별별 노력을 다 해보았다. 산에 올라가서 큰 소리로 노래도 불러보았고, 볼펜을 입에 물고 책을 읽는 훈련도 했다. 그러나 그때뿐이었다. 자괴감만 깊어갔다.

그렇게 수십 년 동안 나를 괴롭혀왔던 언어장애를 극복하게 된 계기가 있다. 30대 중반에 가슴 뛰는 꿈을 가지면서 차츰 말더듬증의 고통에서 벗어나게 되었다. 내 꿈은 TV에 출연해 내가 알고 있는 글쓰기, 책 쓰기의 지식과 경험, 원리와 기술에 대해 강연하는 것이었다. 나는 바로 KBS 1 〈아침마당〉에 출연해 나의 스토리 전하기, JTV TV특강 〈행복 플러스〉에 출연해 책 쓰는 방법에 대해 강의하기'라는 문구를 A4 용지에 프린트해서 집 안 곳곳에 붙여두었다. 그러곤 그 문구를 수시로 보면서 TV에 나가서 자신 있게 강의하는 내 모습을 생생하게 상상했다. 지금 솔직하게 말하자면 당시 나에게 그 꿈은 미친 꿈과 같은 것이었다. 그만큼 무모한 꿈이었다.

지독한 콤플렉스, 끌어당김의 법칙으로 극복하다

나는 이루고 싶은 꿈에다 끌어당김의 법칙, 시각화를 접목했다. 나는 언어장애를 고치기 위해 TV 프로그램에 출연하는 것이 아니라, 대신 사람들에게 글쓰기, 책 쓰기에 대한 내 지식과 경험을 전해주기 위해서라고 생각했다. 이렇게 생각의 관점을 바꾸고 시각화한 지 두 달 정도가 지나자 정말 믿을 수 없는 일이 일어났다. 나에게 JTV TV특강 〈행복 플러스〉와 KBS 1 〈아침마당〉의 담당 작가님이 출연 요청 전화를 해온 것이었다. 그리하여 나는 TV 출연의 꿈을 이루었다. 나는 당당하게 TV에 출연해 많은 사람 앞에서 내가 더는 언어장애를 갖고 있지 않다는 것을 보여줄 수 있었다. 그 도전이 계기가 되어 나는 평생 동안 나를 괴롭혀 온 언어장애를 극복할 수 있었다. 그 후 여러 TV 프로그램, 라디오 프로그램, 여러 기업과 공무원 연수원, 국방부, 백화점 문화센터 등에서 강연하게 되었다. 언어장애라는 콤플렉스에서 벗어나자 감당할 수 없을 만큼 많은 기회가 파도처럼 밀려왔다.

나는 다른 부자들과는 달리 밑바닥에서부터 많은 어려움을 극복하고 부자가 되었다. 그래서 많은 사람이 나의 경험과 조언을 들으려고 찾아오고 있다. 2022년에 미국에서 줌 화상으로 책 쓰기 교육을 받은 사업가 강진애 작가가 있다. 그녀는 너무 힘든 나머지 사업을 접으려는 찰나 나를 알게 되었다. 책 쓰기 과정을 수강하면서 《나는 행복한 엄마 창업가입니다》를 펴냈고, 그녀의 사업은 탄탄대로를 달리고 있다. 베트남 하노이에서 생활하고 있는 윤이영 작가는 올해 1월 저서 《IB 국제 바칼로레아 초등교육》을 펴낸 바 있다. 필리핀에서 교육받은 간호사 출신 이선영 작가는 《한국에서 간호사로 살아보기》를 출간했다. 조경진 작가는 아프리카 모잠비크에서 《나는 아프리카에서 지식 창업으로 성공했다》라는 저서를 펴냈고, 이주화 작가는 일본에서 교육받고 《회사에서 인정받는 사람들의 7가지 습관》이란 책을 출간했다. 이외에도 해외에 거주하는 수많은 한인이 나와 〈한책협〉을 만나 빠르게 책을 펴내고 퍼스널 브랜딩에 성공했다. 그들은 하나같이 가슴 뛰는 삶을 살고 있다.

좋아하는 일을 성공하는 일로 바꿔라

내가 나를 찾아오는 사람들에게 가장 많이 하는 말이, 당신도 나처럼 될 수 있다는 말이다. 세상에는 후천적 부자가 대부분이기 때문이다. 지금 나는 새벽 4시 반에 일어나 이 원고를 쓰고 있다. 현재 5시간째 글을 쓰고 있지만, 전혀 피곤하지 않다. 오히려 글을 쓸수록 에너지가 솟아난다. 왜냐하면 지금 내가 가장 좋아하는 일, 가슴이 시키는 일을 하고 있기 때문이다.

과거의 나처럼 흙수저, 무스펙이라면 무조건 가슴이 시키는 일을 해야 한다. 시작과 과정은 힘들고 고통스러울 수 있지만 포기하지만 않는다면 반드시 성공하게 되어 있다. 자신이 좋아하는 일을 할수록 더 잘하게 되고 전문가가 되기 때문이다. 그렇게 일취월장하면서 마침내 성공이라는 정상에 오를 수 있게 된다.

세계적인 영화감독 스티븐 스필버그(Steven Spielberg)가 한 기자로부터 "이제 나이가 60대 중반인데 무엇이 아직도 영화에 대한 당신의 정열을 불사르게 만드는가?"라는 질문을 받았다. 그러자 그는 이렇게 답했다.

"언제나 이야기다. 늘 새로운 이야기를 찾아내면 난 흥분한다. 그땐 다시 아이가 된다. 내 젊음의 샘은 아이디어나 이야기다. 난 책상 뒤에 앉아 있는 것보다 일하는 게 더 좋다."

자신이 좋아하는 일을 하는 순간에는 정말 그 일에 온전히 빠지게 된다. 그 일과 하나가 되는 것이다. 그래서 성공한 사람들의 모습을 지켜보면 마치 미친 사람 같다는 생각이 든다. 시간이 가는 줄도, 힘든 줄도 모른 채 일하니까, 다른 사람들에게는 힘들어 보일지 모르지만, 당사자는 신나고 즐겁기만 하다. 일이 놀이처럼 느껴지는 것이다.

세일즈 우먼으로 시작해 메리케이 화장품 회사의 창업자가 된 메리케이 애시(Mary Kay Ash). 그녀는 간절히 원하면, 원하는 것을 실현할 수 있는 힘이 생겨난다고 믿었다.

그녀는 "간절히 염원하면 '무슨 일이든 이루겠다'라는 집념이 샘솟고, 그 집념에서 엄청 놀랄 만한 힘이 나옵니다. 그것은 인간의 일념이 얼마나 대단한지 말해줍니다. 원래 인간에게는 누구나 기적을 일으킬 힘이 잠재되어 있습니다. 그것을 믿고 실행하는가, 그러지 않는가에 달려 있을 뿐입니다"라고 말했다. 또한, "바보가 되어 무모하게 도전하는 마음을 가져야 합니다. 절실히 염원하면, 염원하는 것을 실현하기 위해 자연히 모든 것을 걸고 온 힘을 다하게 됩니다. 따라서 당신의 바람이 이루어지는 것은 시간문제입니다. 그만큼 염원의 힘은 엄청납니다"라고 덧붙였다.

지금은 성공자라고 일컬어지지만, 그녀 역시 과거에 가난뱅이에 불과했다. 그러나 그녀는 힘든 환경 속에서도 자신이 어떤 일을 하고 싶어 하는지 알고 있었다. 그래서 48세란 늦은 나이에 '메리케이'라는 작은 화장품업체를 차려 사업가로 변신했다. 그리고 20년 후 그 회사는 세계 최고의 화장품 회사로 성장했다. 그녀가 눈부신 성공신화를 쓸 수 있었던 것은, 자신이 하고 싶은 일을 했기 때문이다. 그 일에 온전히 집념을 불살랐기 때문이다.

당신이 사랑하는 일을 찾으세요

사람들은 대부분 가슴이 시키는 일보다 그저 쉽고 편한 일을 선택한다. 이런 길은 보통 사람들이 선호하는 길이기도 하다. 그러나 남들이 다 가는 길은 편하고 수월한 만큼 그 분야에서 두각을 나타내거나 성공하기까지 무척 힘이 든다. 이미 많은 사람이 그 길을 걸어간 탓에 경쟁이 치열하기 때문이다. 따라서 그들이 남기고 간 부스러기 정도나 주울 수밖에 없다.

물론 아무도 가지 않은 길을 가려 하면 두렵고 망설여지게 마련이다. '잘해낼 수 있을까?', '실패하는 건 아닐까?'라는 생각이 꼬리에 꼬리를 물게 된다. 그러나 여러분은 평범하게 살기 위해 세상에 태어난 것이 아니다. 좋아하는 일을 통해 기쁨과 성취감을 느끼며 행복하게 살기 위해, 성공하는 인생을 살기 위해 태어났다. 늘 이것을 잊어선 안 된다. 늘 '나는 성공하기 위해 태어났어', '나는 내가 좋아하는 일을 하면서 행복하게 살 권리가 있어' 라고 되뇌야 한다는 뜻이다.

성공한 사람들은 하나같이 자신이 원하는 일을 했던 사람들이다. 그들은 가슴이 어떤 일을 원하는지 알고 있었다. 그래서 그 분야에서 두각을 나타낼 수 있었던 것이다.

때론 당신이 가고자 하는 길을 방해하는 사람들이 있을 것이다. 그들의 공통점은 성공하지 못했다는 것이다. 그래서 그들은 자신처럼 여러분 역시 실패자로 전락하기를 바라는 것이다.

그들은 이렇게 말한다.

"그 일은 아무나 할 수 있는 일이 아니야."

"네가 뭐 특별한 줄 알아! 다른 사람들처럼 평범하게 사는 게 장땡이야."

"괜히 쓸데없는 일에 시간 낭비하지 말고 하던 일이나 잘해."

그런 그들에게 이렇게 큰 소리로 외쳐보자.

"나는 아무나가 아니거든!"

"난 너와 달리 특별한 존재야. 나는 절대 평범하게 살지 않을 거야!"

"나는 지금 내가 꿈꿔 온 미래를 창조하는 일을 하고 있어. 그런데 어떻게 시간 낭비라고 할 수 있겠어."

자신의 꿈을 사람들에게 말하는 것을 절대 부끄럽게 여겨선 안 된다. 나는 20대 초반부터 가족과 친구, 지인들에게 "나는 작가가 될 거야!", "난 두 달에 한 권 책을 쓰는 작가가 될 거야!", "난 결코 평범하게 살지 않을 거야!", "난 한 달에 1억 원을 버는 작가가 될 거야!"라고 외치고 다녔다. 물론 나의 말을 듣고 나에게 상처 주는, 부정적인 말을 하는 사람도 있었고, 뒤에서 비난하는 사람도 있었다. 하지만 이런 것들은 중요치 않다. 지금의 나를 보라. 300권가량의 책을 쓰고 1,200명의 평범한 사람들을 작가로 양성한 전 세계 최고의 글쓰기, 책 쓰기 코치가 되어 있지 않은가. 현재 나는 작가, 코치, 강연가를 넘어 교육가, 사업가로 활동하면서 수백억 원의 자산가가 되었다.

남들과 똑같이 사는 것은 인생을 낭비하는 것이다. 남들과 다른, 당신의 가슴을 뛰게 하는 인생을 살기 바란다.

습관은 시작의 문제가 아니라 지속이 전부다

"멈추지 말고 한 가지 목표에 매진하라. 그것이 성공의 비결이다."

— 러시아 발레리나, 안나 파블로바(Anna Pavlova)

'미쳐야 미친다'라는 말이 있다. 정말 미치지 않으면 그 일에 미칠 수 없다는 말이다. 미친다는 말에는 온전히 그 일에 집중한다는 뜻이 담겨 있다. 어떤 일이든 다른 생각이 끼어들 틈이 없을 정도로 흠뻑 빠져들 때 최고의 성과를 발휘할 수 있다.

그런데 한 가지 일에 오래도록 몰입할 수 있는 사람은 거의 없다. 일하면서도 자꾸 딴생각을 하거나, 일에 방해되는 행동을 하게 된다. 그런 나머지 들이는 시간과 비용, 노력 대비 효율성이 떨어질 수밖에 없다.

초등학교 고학년인 조카가 몇 시간씩 책상 앞에 앉아 있어도 공부가 안 된다고 토로했다. 왜 그럴까? 조카의 말에 의하면 책상 앞에 앉는 순간부터 자꾸 친구들 생각이 나거나 휴대전화를 만지작거리게 된다는 것이었다. 그러니 집중이 될 리 만무하다. 나는 조카에게 공부할 때는 휴대전화의 전원을 끄고 책상 서랍에 넣어두라고 조언했다. 처음에는 힘들겠지만 두 달만 꾹 참고 실천하라는 말도 덧붙였다.

의지력만으로 나쁜 습관을 고칠 수 없는 이유

나는 매일 새벽에 기상하면 샤워 후 물 한 잔을 습관적으로 마신다. 그러곤 곧장 서재에서 글을 쓰기 시작한다. 물론 처음에는 새벽에 기상하는 것이 너무나 힘들었다. 그래도 계속 실천하자 어느 순간 나도 모르게 습관화되었다. 요즘은 나의 책과 유튜브 영상들을 보고 도와달라며 찾아오는 사람들이 많아 글을 쓸 수 없는 날이 꽤 있다. 그럴 땐 왠지 모르게 찜찜한 느낌을 지울 수 없다. 그만큼 습관의 힘은 무서운 것이다.

공부나 운동, 무언가를 배우는 일 등에서 성과를 올리려면 제대로 된 훈련을 해야 한다. 이때 빠르게 성과를 내는 사람은 습관을 이용한다. 즉, 습관을 내 편으로 만드는 것이다. 습관은 한자로 익힐 습(習), 익숙할 관(慣)으로 '어린 새가 날갯짓을 연습하듯 매일 반복해 마음에 꿰인 듯 익숙해진다'라는 뜻을 담고 있다. 이는 특정한 자극이나 행동이 반복적으로 이어져 잠재의식에 각인된 것을 말한다. 쉽게 말해 잠재의식에 의한 뇌의 정보처리 패턴이라고 할 수 있겠다.

한번 몸에 밴 습관은 여간해선 쉽게 없어지지 않는다. 그 습관을 고치려면 습관이 몸에 배기까지의 시간보다 몇 배의 시간과 노력이 필요하다. 그렇다면 이미 형성된 습관은 어떻게 해야 수정할 수 있을까? 잘못된 습관은 더 나은 습관으로 덮어씌우는 것이 효과적이다.

영국 UCL(University College London)에서는 습관을 만드는 데 시간이 얼마나 걸리는지 실험을 진행했다. 지원자들에게 하나의 행동계획을 만들게 해서 12주 동안 매일 실천하게 한 후 인터넷으로 질문에 대한 답변을 하게 했다. 질문의 핵심은 무의식적으로 습관적인 행동을 하게 되었는지였다. 사람마다 차이는 있지만, 연구에 참여한 사람들이 새로운 습관을 형성하는 데는 평균 약 66일이 걸리는 것으로 나타났다. 뇌 신경세포 간의 신호전달망인 시냅스를 새롭게 만들어 습관화하는 데 걸리는 시간이 평균적으로 66일이라는 뜻이다. 누구나 66일 동안 꾹 참고 어떤 특정한 행동을 반복하면 습관화된다는 말이다.

성공한 상위 10%는 '이것'이 다르다

성공하는 인생을 사는 사람들은 습관을 효율적으로 이용한다. 이들은 처음에 습관을 들일 때 자신이 원하는 삶을 사는 데 도움이 되는지, 방해가 되는지 체크한다. 그러곤 꿈과 목표 달성에 도움이 되는 습관들을 가지기 위해 노력한다. 성적이 뛰어난 학생들 역시 마찬가지였다. 과거에 나는 명문대생들의 공부법에 관한 책, 《공부하는 바보가 세상을 바꾼다》를 펴낸 바 있다. 공부의 신들은 그렇지 않은 사람들에 비해 공부를 잘하는 습관을 가지고 있다. 예습과 복습을 비롯해 책상 앞에 앉아 있을 땐 온전히 공부에 몰입한다. 절대 휴대전화를 만지작거리거나 유튜브 영상을 보는 등 딴짓하지 않는다. 어떤 일이 있더라도 그날 공부해야 할 분량을 소화해내는 습관이 몸에 배어 있다. 그러니 공부를 잘할 수밖에 없다. 이들은 공부를 잘할 수밖에 없는 습관을 가지고 있는 셈이다. 그래서 성적이 절대 떨어지지 않는다.

전문가들은 습관이란, 우리 뇌가 일을 효율적으로 하도록 하려는 하나의 방편이라고 이야기한다.

"우리의 뇌가 한 번에 처리할 수 있는 일의 양은 한정되어 있습니다. 그 때문에 습관이라는 정보처리 패턴이 없다면 매번 동일한 일을 할 때도 항상 새롭게 일하듯이 에너지를 쓸 수밖에 없게 됩니다. 이는 결과적으로 새로운 정보나 복잡한 정보, 통합적으로 처리해야 하는 일이나 창의적 정보가 필요한 일에 쓸 수 있는 에너지를 소모하게 됩니다."

어제와 다르게 살고자 하는 사람에게 성공 습관은 너무나 중요하다. 한 직장에서 진득하게 근무하는 사람들은 성실성을 갖추고 있다. 자신에게 주어진 일은 무슨 일이 있어도 해내는 근성을 갖고 있다. 그런데 이 직장 저 직장 메뚜기처럼 쉽게 옮겨 다니는 사람은 직장인으로서 기본적으로 갖추어야 할 덕목인 근면, 성실함이 결여되어 있다. 그러다 보니 조금만 자기 마음에 안 들거나 힘들면 쉽게 사표를 낸다. 이들은 월요일 아침마다 회사 가기 싫다, 눈뜨기 싫다, 다 때려치우고 싶다, 이런 생각들을 머릿속에서 되뇐다. 그러다 정말 실행에 옮기기도 한다.

작은 욕망을 갖고 살아 괴로운 것, 더 큰 욕망을 가져라

직장인들은 대부분 퇴사 후 자신이 원하는 일을 하고 싶어 한다. 직장생활을 하면서, 하기 싫은 일을 억지로 하면서, 마음이 맞지 않는 동료와 자주 부딪치고 상사에게 깨질 때마다 이런 생각은 더 간절해진다. 그런데 막상 퇴사하고 나면 본인의 생각대로 되는 것은 거의 없다. 벼락거지가 되기 십상이다. 벼락거지란, 자신의 소득엔 별다른 변화가 없음에도 부동산, 주식 등과 같은 자산 가격이 급격히 올라 상대적으로 빈곤해진 사람을 가리키는 신조어다. 월급만 모으고 재테크를 하지 않아 하루아침에 거지로 전락한 사람들이 자신만 뒤처진 것 같다는 느낌을 갖는 것을 뜻한다. 퇴사하기 전에 그렇게 갈망했던 시간 부자는 되지만 불행히도 워라밸의 삶을 누리지는 못한다. 일과 생활이 조화롭게 균형을 유지하기 위해선 경제적인 부분이 받쳐줘야 한다. 그런데 실업급여를 타서 생활해야 하는 현실은 소확행은커녕 지옥행으로 이어질 뿐이다.

다니던 회사가 싫어서, 같이 근무하던 사람들이 싫어서, 내 시간이 없어서 퇴사했는데 시간이 갈수록 불안감만 더해진다. 과연 내 선택이 옳았나, 이런 생각도 들면서 앞으로 무얼 해서 먹고살아야 하나 하는 고민이 떠나질 않는다. 통장의 잔고는 바닥을 보이고, 직장생활을 할 때만 하더라도 친구들에게 전화해서 "오늘 저녁 뭐 먹을래? 오늘 한잔하자!" 이렇게 당당하게 말했던 자신감은 온데간데 없어진다. 대신 우울감이 찾아온다. 친구들은 인스타그램에 어제는 어디에서 무얼 먹었는지, 어떻게 살고 있는지 자랑하고자 자신이 갔던 근사한 장소와 명품을 자랑하는 게시물을 너도 나도 올린다. 얼마 전까지만 해도 친구들의 인스타그램에 새 게시물이 올라오면 댓글도 달고 '좋아요'도 누르고 했던 그다. 그런데 이젠 자신이 없어지고 만다. 친구들이 카카오

톡으로 메시지를 보내와도 천천히 읽거나 읽고 씹기가 일쑤다. 그렇게 그들과의 관계도 멀어지고 만다.

성장하는 사람과 그렇지 않은 사람을 가르는 것은 습관이다. 지금보다 나은 삶을 살고자 한다면 지금 서 있는 위치, 몸담은 환경에서 성공자의 습관을 가져야 한다. 지금 자신이 가진 습관들을 체크해보면 앞으로 어떤 삶을 살게 될지 어느 정도 유추해볼 수 있다. 성공자들은 성공 습관을 가지고 있기 때문이다.

의지력 최악인 사람도 행동하게 만드는 66일 습관 혁명

전문가들에 의하면 한 가지 습관이 완전히 몸에 배는 데는 66일이 걸린다고 한다. 성공자들은 이 기간을 독한 마음으로 버텨낸다. 그리하여 66일쯤 지나면서 일부러 의식하지 않는데도 자연스레 습관화되는 것이다. 따라서 성공자들의 성공 습관 가운데 몇 가지를 66일만 따라 해본다면 분명 삶은 달라질 것이다.

66일 동안 딱 다음 3가지만 실천해보자.

첫째, 명확하고 구체적인 목표를 세운다.

먼저 구체적이고 실현 가능한 목표를 세워야 한다. 막연하게 세운 목표는 내가 진심으로 이루고 싶어 한다는 사실을 뇌가 인식하기 어렵기 때문이다. 뇌가 인식하지 못하면 새로운 신경활동 패턴이 만들어지지 않는다. 세부적이고 구체적인 목표를 세울 때에야 뇌에서도 목표를 이루기 위해 움직이는 시스템이 작동한다.

둘째, 자신을 스스로 관찰한다.

자신의 행동을 명확하게 객관화해서 살펴봐야 한다. 의도적으로 내가 수정하고자 하는 행동을 하도록 노력하는 것이다. 이런 과정을 통해 잘못된 습관을 올바른 습관으로 수정할 수 있다.

셋째, 작은 변화에도 보상을 준다.

그동안 명확하고 구체적인 목표를 세우고, 습관화하기 위해서 계속 노력해왔다. 이제는 이런 대견한 자신에게 보상해줄 필요가 있다. 뇌는 긍정적인 것에 끌리고, 더 잘하려고 노력하는 경향이 있다. 그래서 스스로 칭찬하고 보상하는 것도 효과적인 동기부여 방법이다.

나 역시 이런 방법으로 과거의 잘못된 습관을 꿈과 목표 달성에 도움이 되는 유익한 습관으로 수정할 수 있었다. 당신은 자신이 생각하는 것보다 의지가 강한 사람이다. 당신이 어떤 마음을 먹느냐에 따라 내일부터 다른 삶이 펼쳐진다. 잘못된 습관들을 바꾸지 않는다면 당신은 평생 스스로를 방해하고 가로막을 것이다. 어제와 똑같은 삶을 살기에는 당신은 너무 소중하다. 삶은 당신을 위해 최상의 것들을 준비해놓고 기다린다는 것을 기억하자.

03

단 하루도
그냥 살지 마라

"타다가 만 장작불이 불길을 낼 수 없듯이
맥 빠진 사람 역시 열정을 낼 수 없다.
열정은 최대의 노력을 다하도록 북돋워 주고
고된 노동조차 즐거운 일로 바꿔준다."

— 영국 정치가, 스탠리 볼드윈(Stanley Baldwin)

'낙숫물이 바위를 뚫는다'라는 속담이 있다. 작은 일도 계속하다 보면 큰일을 이룰 수 있다는 뜻이다. 아무리 약한 힘일지라도 한곳에 집중하면 반드시 목적하는 바를 이룰 수 있다.

사람들은 저마다 다양한 꿈을 가지고 있다. 그런데도 왜 어떤 사람들은 꿈을 이루고, 또 다른 사람은 힘든 인생에서 벗어나지 못하는 걸까? 나는 그 이유 가운데 하나로 열정을 꼽고 싶다. 사실 꿈은 이루어지기 위해 존재한다. 우리가 꿈을 꿀 수 있는 것은 그것을 현실로 만들 수 있는 능력이 있기 때문이다. 그러나 꿈을 이루려는 열정이 부족하거나 없다면 꿈은 실현되지 않는다.

그렇다면 열정은 무엇을 뜻하는 걸까? 국어사전에 보면 열정은 '어떤 일에 열렬한 애정을 가지고 열중하는 마음'이라고 설명되어 있다.

즉, 한 가지 일에 자신의 전부를 걸고 최선을 다하는 태도라고 할 수 있다. 성공자와 포기자의 차이 역시 꿈과 목표에 대한 열정에 있다고 해도 과언이 아니다. 성공자는 오로지 꿈과 목표가 이루어질 것이라는 믿음을 갖고 그것들에 노력을 쏟아붓는다. 절대 꿈과 목표에 도움이 되지 않는 부정적인 생각은 하지 않는다.

평범한 인생을 바꾸고 싶은 당신에게

공부를 잘하는 친구들은 수업시간에 절대 딴짓하지 않고 선생님의 말씀에 집중한다. 그러나 성적이 중간쯤이거나 바닥인 학생들은 수업시간 내내 선생님의 말씀에 집중하지 않는다. 대신 휴대전화를 만지작거리거나 친구들과 잡담을 나누곤 한다. 그러니 당연히 공부가 안 되고 성적은 바닥을 길 수밖에. 공부에 대한 집중력이 떨어지면 수업시간에 선생님의 말씀이 귀에 쏙쏙 들어오지 않는다. 수업시간에 들은 내용도 금세 잊어버리기 십상이다. 전쟁터에 나간 군인에게 총이 없다면 생명을 지키기가 쉽지 않듯이, 당신 역시 꿈과 목표를 향한 열정이 없다면 성공은 요원한 일이다.

이런 열정은 운동이나 예술 분야에도 마찬가지로 적용된다. 열정이 뒷받침되지 않고서는 어떤 성과도 기대하기 힘들다. 열정은 지금보다 더 나은 모습이 되도록 우리를 고군분투하게 만든다. 그래서 열정이 강한 사람들은 시간이 지날수록 성과를 발휘하게 된다. 결국, 남들보다 앞서가게 되는 것이다.

열정을 다하지 않은 노력은 시간을 낭비하는 것과 같다. 전문가들은 긴 시간 동안 일하기보다 짧은 시간일지라도 집중해서 일할 때 큰 성과를 발휘할 수 있다고 말한다. 지금의 삶이 불만족스럽다면 열정의 온도를 높여야 한다. 열정이 자신을 활활 태워버릴 정도가 되어야 한다는 말이다.

나는 내 일을 그야말로 목숨 걸고 한다. 사람들에게 "성공해서 책을 쓰는 것이 아니라 책을 써야 성공한다"라고 말하는 이유는 과거의 내가 모든 면에서 부족한 사람이었기 때문이다. 나는 그 부족한 부분을 책이라는 수단을 통해 채울 수 있었다. 책은 나를 세상에 브랜딩 해주었고, 명문대를 나온 머리 좋은 사람들과의 경쟁에서 이기게 해주었다. 세상에는 과거의 나와 같은 처지에 있는 사람들이 너무나 많다. 그들을 단기간에 성공시키려면 절대 대충대충 가르쳐선 안 된다. 목숨 걸고 가르쳐야 한다. 그래야 내가 알고 있는 지식과 경험, 지혜, 깨달음, 노하우가 조금이라도 그들에게 전달되기 때문이다.

지금의 내 일은 과거에 내가 너무나 갈망했던 일이어서 고생스럽게 여겨지진 않는다. 물론 때론 좀 쉬고 싶고 게을러지고 싶은 순간도 있다. 하지만 그럴 때면 난 나 자신을 가혹하리만치 채찍질한다. 게으름이 고개를 드는 순간이 가장 위험한 순간이기 때문이다. 주저앉는 순간 무너질 수 있다는 것을 나는 잘 알고 있다.

열심히 노력하는 당신이 항상 실패하는 이유

기능성 구두인 컴포트 슈즈 국내 시장 1위 업체인 바이네르의 김원길 대표. 그는 국내에서 거의 유일한 구두 '기능공' 출신 구두회사 CEO

다. 윤석열 대통령이 취임 첫 주말에 김건희 여사와 집 근처 백화점에 들러 구두를 쇼핑한 일이 있었다. 윤 대통령은 굽이 거의 없어 발이 편하면서도 양복에 잘 어울리는 신발을 선호하는 편이다. 그런데 당시 신고 있던 구두가 너무 낡아 새 구두를 사게 되었다. 그 구두가 바로 바이네르의 제품이었다. 이 일이 화제가 되어 바이네르는 대통령이 신는 신발로 잘 알려지게 되었다.

중졸 출신의 기능공에서 출발한 김 대표는 30세에 작은 구두 부속 회사를 설립했다. 그리고 30년이 지난 지금은, 주요 백화점마다 빠지지 않고 입점한, 컴포트 슈즈 국내 1위의 구두 브랜드가 되었다. 중학교 졸업 후부터 구두만 만지고 살아온 그는 누구보다도 고생을 겪어야 했다. 그런 고생 끝에 회사는 연 매출 500억 원대의 제화업체로 우뚝 설 수 있었다.

김원길 대표는 과거 인터뷰에서 힘들었던 시절을 회상하면서 이렇게 말했다.

"젊은 시절 처음 구둣방에서 기술을 배우다 여름 휴가철이 되면서 일이 없다고 쫓겨났어요. 전 그길로 설악산 산장에 가서 온갖 궂은일을 다 하면서 목돈을 벌었어요. 나는 늘 몸으로 부딪치며 살아왔어요. 어떤 상황에서건 무언가를 반드시 건져냈고요."

그는 또래 친구들이 고등학교에 진학할 때 묵묵히 구두 만드는 기술을 배웠다. 그런데도 그는 자신의 처지를 원망하지 않고 꿋꿋하게 자신의 길을 걸어갔다. 자신의 회사를 차리겠다는 꿈을 품고서. 그는 지금 하는 일에 열정을 가지고 최선을 다하면 꿈이 실현되리라 확신했다. 그 결과 자신의 바람대로 국내 1위 제화업체 바이네르를 설립할 수 있었다.

그는 자신의 성공비결을 이렇게 말했다.

"사업에서 성공할 수 있었던 이유는 단 하나예요. 생각한 것을 실천에 옮겼기 때문이지요. 단순한 진리이지만 굉장히 중요한 것입니다. 머릿속에 좋은 생각이 아무리 많으면 무슨 소용이 있나요. 실천에 옮겨야 무엇이든 이룰 수 있잖아요. '생각을 실천하라.' 세상을 살아가는 데 있어 이보다 더 중요한 명제는 없습니다."

김 대표는 자신의 성공비결을 '생각한 것을 실천에 옮긴 것뿐'이라며 겸손해했다. 하지만 그는 대단히 열정적인 사람이다. 세상에 자기 생각을 실천에 옮기는 사람은 그리 많지 않기 때문이다. 사람들 대부분은 문득 기발한 아이디어가 떠올라도 대수롭지 않게 여긴다. 아니면 바쁘다는 이유로 아이디어의 실천을 다음으로 미룬다. 그러나 아무리 좋은 생각이라도 당장 실천하지 않으면 무용지물이다. 바로 행동으로 옮긴 사람의 차지가 되고 만다.

성공한 사람들만 알고 있는 한 가지 비밀

고대 그리스의 수학자·물리학자 아르키메데스(Archimedes). 그에 관한 흥미로운 일화가 있다. 이 일화를 통해 그가 얼마나 열정적인 사람인지 알 수 있다.

어느 날 왕은 자신의 금관을 만든 사람이 정직하지 못하다는 것을 깨닫게 되었다. 그래서 금관이 진품인지를 알아보도록 아르키메데스에게 명령했다. 왕으로부터 명령을 받은 아르키메데스는 매우 난감해했다. 그러다 우연히 목욕탕에서 '물속에서의 물체는 그 물체가 갖는 부피와 같은 부피의 물만큼 가벼워진다', 라는 이론을 발견하게 되었다. 그 순간 그는 너무나 기쁜 나머지 "유레카!"를 외치면서 벌거벗은 채 거리로 뛰어나왔다고 한다.

그 당시 아르키메데스의 나라인 도시 국가 시칠리아가 로마와 전쟁을 벌이고 있었다. 아르키메데스는 새로운 무기를 개발해 로마군의 간담을 서늘하게 한 적도 있었지만, 안타깝게도 결국 그의 나라는 로마군에 넘어가고 말았다.

그러나 로마 장수 마르켈루스(Marcellus)는 그의 명성을 익히 알고 있던 터였다. 그는 전쟁 중이더라도 아르키메데스는 절대로 죽이지 말라고 군사들에게 명령했다.

아르키메데스는 전쟁 중이라는 생각도 잊고 평소대로 기하학 도형을 그려 놓고 연구에 몰두하고 있었다. 이때 로마 병사 한 명이 그의 방에 들어와 아르키메데스의 도형을 망쳐 놓고 말았다.

화가 난 아르키메데스는 큰 소리로 말했다.

"내 도형이 망가지잖아, 멍청한 병정아!"

이 말을 들은 병사는 홧김에 그만 칼로 그를 내려치고 말았다. 이로써 아르키메데스는 최후를 맞고 만다.

이 사실을 알게 된 마르켈루스는 그를 정성껏 장사 지내주고 아르키메데스가 연구했던 도형과 구에 외접하는 원기둥을 조각해서 묘를 만들어주었다. 우리는 그의 최후를 통해 그가 얼마나 열정적으로 연구에 집중했는지 잘 알 수 있다. 내 말은 아르키메데스처럼 한 가지 일에 몰두하다 비참한 최후를 맞으라는 뜻이 아니다. 그처럼 자신이 지금 자신에게 어떤 일이 일어나고 있는지 모를 정도로 꿈과 목표에 집중하라는 말이다.

우리 몸의 근육은 쓰면 쓸수록 더욱 탄탄해진다. 열정도 쏟으면 쏟을수록 더욱 뜨거워진다. 나는 내 분야 최초로 특허를 따낸 바 있다. 내가 열정을 다해 목숨 걸고 일해왔기에 가능했다고 생각한다. 누구나 지금 자신이 하는 일에 푹 빠진다면 최고의 성과를 올릴 수 있다. 무엇엔가 열정을 쏟을 때 자신의 능력을 최대치로 끌어올릴 수 있기 때문이다.

열정은 그동안 당신이 모르고 있던 잠재력을 발휘하게 해준다. 잠재력이 발휘될 때 실력은 자연스레 업그레이드된다. 자신이 몸담은 분야에서 최고가 된 사람들은 하나같이 강한 열정의 소유자들이다. 그들은 100℃의 뜨거운 열정으로 꿈과 목표에 집중했다. 그 결과 자신의 내면에 잠들어 있던 잠재력을 깨워 세상을 놀래는 성과를 거둘 수 있었다.

04

실패하는 사람들의
단 하나의 이유

"승리는 가장 끈기 있는 자에게 돌아간다."

– 프랑스 황제, 나폴레옹(Bonapart Napoleon)

"여기까지가 내 한계인가 봐."
"이 일은 한 번도 해본 적이 없는데…."
"그런 일은 특별한 사람만 할 수 있어."

이런 말을 하는 사람은 스스로에게 한계를 긋는 사람이다. 그래서 충분히 잘할 수 있는 일조차 제대로 해내지 못한다. 성공자들에게 한계란 없다. 그저 그동안 이루어 왔던 성과보다 더 큰 성과를 이루기 위해 목숨 걸고 일할 뿐이다. 그들이 가장 싫어하는 말은 실패가 아닌 멈춤, 포기, 한계다.

스스로 인정하지 않는 한 한계란 없다. 성장해나가는 사람들, 성공한 사람들은 때로 힘에 부치거나 시련이 찾아와도 절대 한계라는 말을 쓰지 않는다. 한계라는 말을 쓰는 순간 정말 넘을 수 없는 한계로 인식되기 때문이다. 그래서 한계라는 말 대신 극복해야 할 과제로 여긴다. 과제라는 말을 쓰게 되면 심리적으로도 어려운 문제에 대한 해결책을 찾기가 훨씬 쉬워진다.

한계는 벽이 아닌, 출발점일 수도 있다

세계에서 가장 빠른 사나이 우사인 볼트(Usain St. Leo Bolt). 그는 100m를 9초 58에 달린다. 달리기로만 따진다면 가장 진화한 인간이라고 할 수 있다. 그는 과거 한계에 대해 이렇게 말했다.

"나에게는 기록에 한계가 없으며 모든 것이 가능하다고 믿는다. 하지만 이번 대회의 가장 큰 목표는 100m와 200m에서 타이틀을 방어하는 것이다. 최선을 다해 경기에 임하다 보면 기록은 따라오게 마련이다."

한계는 자신이 인식하기 전까지는 없는 것과 같다. 한계는 나약한 사람들, 게으른 사람들, 패배자들이 발명해낸 자기 합리화이자 변명에 불과하다. '나에게 한계란 없다'라는 믿음으로 매 순간 최선을 다해야 하는 이유다. 그리고 그렇게 할 때 최고의 성과를 낼 수 있다.

과거에 나는 '나는 매일 모든 면에서 조금씩 나아지고 있다!'라는 문구를 종이에 적어 자취방 곳곳에 붙여두었었다. 하루에도 수십 번씩 이 문구를 들여다보면서 소리 내어 따라 읽거나 마음속으로 읊조리곤 했다. 앞서 말했다시피 나는 2년제 대학을 나온, 모든 면에서 부족한 사람이었기 때문이다. 내가 할 수 있는 것은 오로지 시각화뿐이었다. 당시 나는 직업도 없는 데다 신용불량자 신세였다. 게다가 내 나이 28세 때 갑자기 돌아가신 아버지로부터 거액의 빚 유산까지 물려받아야 했다. 하지만 나는 나에게 한계를 긋지 않았다. 나를 가로막는 어려움은 내가 더 성장하기 위해, 성공하기 위해 풀어야 하는 과제로 생각했다. 가장 힘들었을 때 나는 '나는 성공하기 위해 이 세상에 태어났다!', '나는 우리나라를 대표하는 독보적인 책 쓰기 코치가 된다!', '나는 100억 부자가 된다!', '내가 쓴 책의 내용이 교과서에 실린다!', '내가 쓴 책이 해외 여러 나라에서 번역되어 출간된다!' 등의 성공 확언을 마치 암송문처럼 외웠다. 그러자 끌어당김의 법칙에 따라 지금처럼 부동산 40개를 보유한 200억 자수성가 부자가 될 수 있었다. 나는 한계를 떠올리기보다 잠재의식의 힘을 믿고 내가 할 수 있는 최선을 다했다.

어떤 상황에도 부닥쳐 이길 수 있는 사람이 되라

세계 최고의 판매왕 조 지라드(Joe Girard). 그는 자수성가한 사람으로 손꼽히는데, 그의 성공비결 역시 나에게 한계란 없다는 것이었다.

그는 1928년 11월 1일 디트로이트시 동남부 지방의 빈민가에서 태어났다. 그의 아버지는 이탈리아 시칠리아 출신으로 미국에 이민 온 후 일정한 직업 없이 탄광의 광부 일로 생계를 유지했다. 지라드는 '35세까지 나는 세상에서 가장 실패한 낙오자였다'라고 고백할 정도로 실패의 경험이 많은 인생을 살았다. 그는 가난과 아버지의 구타를 못 이겨

학교를 그만두고 구두닦이를 거쳐 세일즈맨으로 자리 잡기까지 무려 40여 가지의 직업을 전전해야 했다.

숱한 고생 끝에 건축업자로서 자리를 잡고 행복한 생활을 하던 지라드는 부동산 업자의 사기에 말려 6만 달러의 빚을 지고 말았다. 그는 한동안 자살까지 생각할 정도로 실의와 좌절에 빠졌다. 그러나 그는 아내의 헌신적인 믿음과 살아야겠다는 강한 집념으로 자동차 세일즈를 시작했다.

그는 최선을 다해 세일즈에 임했다. 그런데도 입사한 지 몇 개월 동안은 실적이 회사 내에서 꼴찌였다. 그럼에도 불구하고 그는 포기하지 않고 끊임없이 세일즈 기법을 연구했다. 그런 노력 끝에 그는 쉐보레 자동차 대리점에서 15년간 무려 1만 3,001대의 자동차를 파는 기염을 토했다. 그뿐만 아니라 기네스북에 '세계 No.1 세일즈맨'으로 12년 연속 등재되기도 했다.

세계 최고의 판매왕에 오른 그는 은퇴 후 '세일즈 트레이닝 스쿨'을 운영하며 많은 사람에게 세일즈 성공비결을 강의하기도 했다. 자신의 또 다른 가능성을 향해 뛰어든 셈이었다.

지라드는 이렇게 말했다.

"성공으로 가는 엘리베이터는 고장입니다. 당신은 계단을 이용해야만 합니다. 한 계단, 한 계단씩!"

지라드가 자신의 분야에서 최고가 될 수 있었던 것은 자기 자신에게 한계를 긋지 않았기 때문이다. '나는 여기까지가 한계야.' 이렇게 자신에게 한계를 긋는 순간 더 잘할 수 있음에도 하던 일을 그만두게 된다. 그렇게 그만두는 순간까지가 자신의 한계가 되는 셈이다.

능력에 한계는 없다, 한계를 두지 마라

실험실에서 한 남자가 벼룩을 잡아 유리병 안에 집어넣고 관찰했다. 벼룩은 가볍게 튀어 올라 유리병 밖으로 나왔다. 몇 번을 다시 집어넣었지만, 결과는 마찬가지였다. 남자는 이 실험을 통해 벼룩은 자기 몸길이의 수백 배가 넘는 높이로 튀어 오를 수 있다는 사실을 알게 되었다. 그는 벼룩을 다시 유리병 안에 집어넣고 재빨리 뚜껑으로 입구를 닫았다. 종전과 마찬가지로 높이 튀어 오르기를 시도하던 벼룩은 계속해서 유리병 뚜껑에 부딪혔다. 벼룩은 매번 튀어 오를 때마다 뚜껑에 부딪히는 소리를 냈다.

그러나 잠시 후 놀라운 일이 일어났다. 벼룩이 유리병의 높이에 맞추어 튀어 오르는 것이었다. 즉, 벼룩은 뚜껑에 몸을 부딪치지 않기 위해 뚜껑 바로 아래까지만 튀어 오르는 것이었다.

다음 날 남자는 유리병 뚜껑을 열어주었다. 그러나 벼룩은 유리병의 높이만큼만 튀어 오를 뿐 유리병 밖으로 나오려고 하지 않았다. 일주일 후에도 마찬가지였다. 벼룩은 유리병보다 더 높이 뛸 수 있는 자신의 능력을 잃어버린 것이었다.

벼룩은 자신이 몸길이보다 수백 배 높이 뛰어오를 힘을 가지고 있다. 그러나 스스로 한계를 정했기 때문에 그 능력을 상실하고 말았다. 우리 주위에는 벼룩처럼 스스로 자신의 한계를 정해 놓고 괴로워하는 사람들이 있다. 이들은 벼룩과 다를 바 없다. 결코, 유리병이라는 한계를 벗어나지 못한다. 지금보다 더 잘하고 싶고, 더 나은 사람이 되고 싶다면 한계는 없다는 생각을 가져야 한다. 한계를 생각하지 않을 때 당신은 지금보다 더 나은 결과를 얻을 수 있다.

05

끝날 때까지
끝난 것이 아니다

"도중에 포기하지 마라. 망설이지 마라.
최후의 성공을 거둘 때까지 밀고 나가자."

— 성공학 저술가, 데일 카네기(Dale Carnegie)

세상에는 두 부류의 사람이 있다. 꿈을 이룬 사람과 이루지 못한 사람이다. 비록 한쪽은 꿈을 실현하고, 또 다른 쪽은 꿈을 실현하지 못했지만 그들에게는 한 가지 공통점이 있다. 바로 두 부류 모두 꿈을 가졌다는 사실이다. 그런데 왜 한쪽 부류만 꿈을 이룰 수 있었을까? 그 해답은 바로 꿈을 향한 갈망과 우직함이라고 할 수 있다. 아무리 재능이 있고 똑똑한 사람일지라도 갈망과 우직함이 없다면 꿈을 쉽게 포기하게 된다. 쉽게 포기하는 사람치고 성공한 사람은 없다.

덴마크 철학자 키르케고르(Søren Aabye Kierkegaard)는 이런 말을 남겼다.

"절망은 죽음에 이르는 병이다. 쉽게 절망해 포기하는 건 마음까지 해친다."

자신의 꿈과 목표를 정확하게 알고 있는 사람은 절대 포기하지 않는다. 자신의 꿈을 향해 우직하게 나아간다. 때로 시련과 역경에 처하거나 실패할 때도 있다. 그러나 절대 포기하지 않는다. 실패와 포기는 확연히 다른 의미이기 때문이다. 실패했다는 것은 새로운 방법으로 도전할 기회를 얻게 되었다는 뜻이다. 하지만 포기한다는 것은 하던 일을 그만둔다는 뜻이다. 그러면 그동안 공들였던 모든 노력이 수포로 돌아가게 된다. 그래서 실패는 하더라도 절대 포기해선 안 된다.

포기하지 않으면 반드시 원하는 것을 얻게 되어 있다. 성공은 실패 속에 감추어져 있기 때문이다. 성공을 꿈꾸는 사람이라면 절대 실패를 두려워해선 안 된다. 오히려 실패를 자신의 부족한 부분을 보완하고 더 단단하게 만드는 과정으로 삼아야 한다. 실패만큼 좋은 스승은 없기 때문이다.

아무리 최선을 다하더라도 계획했던 일이 뜻대로 되지 않거나 꼬일 때가 있다. 믿었던 사람에게 배신을 당하거나 마음에 상처를 입을 때도 있다. 그렇다고 해서 그동안 해왔던 일을 쉽게 그만두어선 안 된다. 그런 시련조차 성공을 향한 밑거름이 되기 때문이다. 나는 자신이 목적한 바를 달성하기 위한 과정에서 겪는 모든 것들은 성공의 자양분이라고 생각한다.

성공 직전에 포기하지 마라

어느 성공 세미나에서 강사가 이렇게 물었다.

"여러분, 발명왕 에디슨을 생각해보십시오. 얼마나 실패를 많이 했습니까? 그러나 그가 포기했나요?"

그러자 수강생들은 대답했다.

"포기하지 않았습니다."

강사가 다시 물었다.

"비행기를 처음 만든 라이트 형제도 실험하면서 많은 실패를 겪었습니다. 라이트 형제가 포기했습니까?"

"포기하지 않았습니다."

강사가 또 이렇게 물었다.

"매키스트가 포기했을까요?"

그러자 사람들은 가만있었다. 매키스트가 누군지 몰랐기 때문이었다.

그때 한 사람이 물었다.

"강사님, 매키스트가 누구입니까?"

강사가 대답했다.

"매키스트는 쉽게 포기한 사람입니다. 역사는 포기한 사람을 기억하지 않습니다. 위대한 정치가 윈스턴 처칠은 인생의 가장 중요한 교훈을 한 문장으로 압축했습니다. 그것은 'Never Give Up, Never give up!'이란 말입니다. 절대로 포기하지 마라. 절대로, 절대로 포기하지 마라!"

산 정상에 오르기까진 많은 어려움이 있지만, 정상에 오르고 나면 알게 된다. 왜 사람들이 엎어지고 넘어지면서까지 정상에 오르려고 하는지 말이다. 성공은 쉽게 얻을 수 없다. 그래서 그만큼 더 값진 것이다. 지금 하는 일에서 최고가 되고 싶다면 정상만 바라보고 나아가야 한다. 주위 사람들의 부정적인 말에 신경 쓰지 말고 오로지 자기 자신에게 집중해야 한다. 과거에 나는 많은 사람으로부터 비난과 손가락질을 받았다. 하지만 나는 그들이 나를 부러워하기 때문이라는 걸 알고 있었다. 그럴수록 나는 내가 하는 일에 집중했다. 그러자 나는 그들과 차원이 다른 삶을 살게 되었다.

하루를 살더라도 자기 인생을 살아라

나는 가끔 나 자신에게 오늘이 인생의 마지막 날이라면 무엇을 후회하게 될까, 자문해본다. 당신이라면 어떤 걸 후회하게 될까? 사람 중엔 돈이나 명예, 권력을 떠올리는 사람도 있을 것이다. 그러나 임종의 순간을 미리 맞았던 사람들의 '깨달음'을 참고하면 사람들 대부분이 인생의 마지막 날에 후회하게 되는 것은 완전 그 반대라는 것이다. 오스트레일리아에서 말기암 환자들을 돌봤던 간호사 브로니 웨어(Bronnie Wear). 그녀가 한 요양원에서 말기암 환자들을 돌보며 자신의 블로그에 올렸던 글을 모아 펴낸 《죽을 때 가장 후회하는 다섯 가지》라는 책이 있다. 수년간 말기암 환자 병동에서 일하며 환자들이 생의 마지막 순간에 보여준 통찰이 꼼꼼히 기록되어 있다. 그녀가 지켜본 사람들은 임종 때 경이로울 정도로 정신이 맑았는데, 놀랍게도 후회하는 것은 거의 비슷했다.

그녀의 말에 따르면 말기암 환자들은 죽을 때 다음 5가지를 후회한다고 한다.

첫째, 내가 원하는 삶을 살지 못한 것

둘째, 일을 너무 열심히 한 것

셋째, 감정 표현에 솔직하지 못한 것

넷째, 옛 친구들의 소중함

다섯째, 내 행복을 위해 노력하지 못한 것

이 가운데 그들이 가장 크게 후회하는 것은, '다른 사람들의 기대에 맞추지 말고, 스스로 진실한 삶을 살 용기가 있었더라면' 하는 것이었다. 그들은 인생이 끝나갈 때쯤 되어서야 얼마나 많은 꿈을 이루지 못했던가, 명확하게 깨달았다. 그리고 어떤 것을 하거나 하지 않기로 한 자신의 선택 때문에 꿈의 절반조차 이루지 못한 채 죽어야 한다는 회한을 감추지 않았다.

포기하고 싶은 순간 하나만 기억하면 성공한다

인생은 단 한 번뿐이기에 훗날 인생의 뒤안길에서 후회하지 않도록 잘살아야 한다. 그렇다면 어떻게 살아야 잘 사는 것일까? 드라마보다 더 극적인 삶을 살았던 스티브 잡스(Steve Jobs)를 통해 어느 정도 그 답을 찾을 수 있지 않을까 생각한다.

양부모 아래서 자란 잡스는 명문 리드대학에 입학했으나 6개월 만에 중퇴하면서 힘든 생활을 이어가야 했다. 당시 친구의 방 바닥에서 자고 먹을 것을 얻기 위해 콜라병을 반납하고 5센트를 모았는가 하면, 한 사원에서 일주일에 한 번 주는 식사를 얻어먹으려고 7마일(11.3㎞)을 걸어가기도 했다.

그런 힘든 시간을 보내면서도 그는 우주를 깜짝 놀라게 해주겠다는 자신의 꿈을 포기하지 않았다. 그는 1976년 '컴퓨터 천재' 스티브 워즈니악과 양부모 집 창고에서 애플을 창업하는 모험을 감행했다. 이듬해 개인용 PC 애플II를 내놓아 성공을 맛봤지만, 30세 때인 1985년 자신이 영입한 CEO 존 스컬리와 이사회에 의해 쫓겨나는 아픔을 겪어야 했다. 그런 시련 속에서도 그는 결코 좌절하지 않았다. 오히려 시련 속에 숨어 있는 인생의 교훈을 챙겼다.

그가 대학을 중퇴한 후 배운 서체 교육은 이후 서체를 가진 최초의 컴퓨터 매킨토시를 탄생시키는 배경이 되었다. 그는 애플에서 쫓겨난 것은, 인생에서 최고의 창의력을 발휘할 기회를 준 일생일대의 사건이라고 일갈했다. 심지어 스티브 잡스는 췌장암 선고를 받은 후 죽음에 직면해서도 '죽음은 삶이 만든 최고의 발명품'이라는 긍정적인 사고를 견지하면서 아이폰과 아이패드 신화를 일궈냈다.

당신도 스티브 잡스처럼 자신의 꿈을 향해 끊임없이 갈망하고 우직하게 나아가기를 바란다. 마지막으로 2005년, 미국 서부 명문대학인 스탠퍼드 대학 졸업식에서 연설했던 스티브 잡스의 말을 가슴 깊이 새겨보라.

"1970년대의 중반으로 내가 여러분의 나이였을 때였습니다. 매킨토시 컴퓨터 최종판의 뒤쪽 커버에는 이른 아침 시골길 사진이 있었는데 모험을 좋아하는 사람이라면 히치하이킹을 하고 싶은 그런 길이었지요. 그 사진 밑에는 다음과 같은 말이 있었습니다. 늘 갈망하라, 여

전히 우직하게. 그리고 저는 항상 그렇게 살기를 원했으며, 이제는 새
로운 시작을 위해 졸업하는 여러분도 그렇게 살기를 바랍니다. 늘 갈
망하라, 그리고 우직하게."

GETTING
BETTER

Part 7

돈 없고 '백' 없으면
목숨 걸고 지켜라

습관

01

단 하나의 일에 집중하면
반드시 성공한다

"성공하려면 남을 떠밀지 말고, 또 제 힘을 측량해서 무리하지 말고
제 뜻한 일에 한눈팔지 말고 묵묵히 나아가야 한다.
평범한 방법이지만 이것이 성공을 가져다준다."

— 미국 정치인, 벤저민 프랭클린(Benjamin Franklin)

인생에서 가장 소중한 날은 바로 오늘이다. 오늘 중에서 가장 소중한 시간은 바로 지금, 이 순간이다. 우리는 지나온 과거를 바꿀 수 없다. 미래 또한 아직 오지 않았기 때문에 어떤 영향력을 미칠 수 없다. 그러나 현재는 어떤가? 자신의 노력 여하에 따라 얼마든지 영향력을 미칠 수 있다. 무엇보다 중요한 것은, 미래는 현재로부터 시작된다는 것이다. 현재를 함부로 사는 사람은 자신이 바라는 삶을 살 수 없다.

나는 그동안 수만 명의 사람을 상담하고 교육했다. 그 가운데 단 몇 개월 만에 수억 원의 빚을 갚고 자수성가한 사람도 있고, 월 수억 원의 수입을 올리는 사람들도 있다. 그들은 내가 전수해준, 돈 버는 방법에 관한 원리와 기술을 성실하게 실천한 사람들이다. 사람들을 교육하다 보면 어떤 사람이 빠르게 성장하고 성공할 것인지 어느 정도 감이 온

다. 그들의 특징은 지금 할 일을 내일로 미루지 않고 최선을 다해 오늘 마친다는 것이다. 현재에 집중하는 것이다.

사람 중에 이렇게 말하는 사람들이 있다.

"오늘은 좀 놀고 내일부터 열심히 하지 뭐."
"날이 오늘밖에 없나? 내일도 있고 모레도 있는데."
"오늘 하루 그냥 보낸다고 해서 내 인생이 어떻게 되겠어?"

이런 사람들은 지금, 이 순간이 얼마나 소중한지 모른다. 인생은 그 무엇도 아닌 시간으로 이루어져 있다. 시간을 낭비한다는 것은 인생을 함부로 살겠다는 것과 같다. 시간을 잃은 사람이 큰일을 해내거나 크게 성공하는 일은 있을 수 없기 때문이다. 지금 이 책을 읽는 독자 중에 30, 40대가 있다면 정신을 바짝 차려야 한다. 인생을 역전시킬 기회는 물론, 시간이 점점 줄어들고 있기 때문이다. 세상에 그대로 머물러 있는 것은 아무것도 없기 때문이다.

아는 것보다 하는 것에 집중하라

과거의 나 역시 20대 시절이 언제까지나 계속될 것이라는 착각 속에서 살았다. 하지만 30대 중반을 지나면서 나는 인생이 그렇지 않다는 것을 잘 알게 되었다. 시간이 정말 쏜살처럼 지나가버렸기 때문이다. 이것이 인생이다. 그런 깨달음 속에 나는 남들이 직장생활만 할 때 책을 써서 퍼스널 브랜딩 하고, 나의 지식과 경험, 노하우를 파는 지식

창업을 준비했다. 그 결과 노동 시간에 비례해 대가를 받는 직장인이 아닌, 전달하는 가치에 합당한 대가를 받는 교육 사업가가 되었다.

화무실십홍(花無十日紅)이라는 말이 있다. 꽃이 피어 봐야 열흘을 못 넘긴다는 뜻이다. 아무리 아름다운 꽃이라 해도 시간이 흐르면 시들 고 지게 마련이다. 사람 역시 세월이 흐름에 따라 예쁜 얼굴도, 탱탱했 던 피부도 늙고 주름지게 된다. 하물며 시간인들 언제까지나 여러분을 20대, 30대, 40대에 머물러 있게 하겠는가.

일생을 최고의 시계를 만드는 데 바친 사람이 있었다. 그는 아들의 성인식 날 손수 시계를 만들어 선물로 주었다. 그 시계의 시침은 동으 로 만들어져 있었고 분침은 은으로 만들어져 있었다. 그런데 초침만은 금으로 되어 있었다.

시계를 받아 든 아들은 아버지에게 물었다.

"아버지, 시침이 가장 크니까 금으로 장식하고 가장 가는 초침은 동 으로 만들어야 하지 않나요?"

그러자 아버지가 말했다.

"아니다. 초침이야말로 금으로 만들어야 한단다. 1초를 잃는 것이야 말로 세상의 모든 시간을 잃는 것과 마찬가지니까."

그는 아들의 손목에 시계를 채워주며 다음과 같은 말을 덧붙였다.

"초를 아끼지 않는 사람이 어떻게 시와 분을 아낄 수 있겠니? 세상 의 흐름은 초에 의해 결정된다는 것을 명심하고, 너도 성인이 되는 만 큼 1초의 시간이더라도 책임질 수 있는 사람이 되도록 노력해야 한단 다."

시간을 수돗물 틀어놓듯이 대하는 사람이 있다. 이런 사람은 1분 1초가 얼마나 소중한지 모른다. 이런 사람들의 특징은, 그동안 목숨 걸고 꼭 이루고 싶었던 꿈이 없었다는 것이다. 한 가지 일에 모든 것을 걸고서 고군분투해본 경험이 없었다는 것이다. 그러니 현재라는 이 시간에 얼마나 많은 가능성과 기회가 숨어 있는지 모른다. 그 때문에 꼭 오늘이 아니어도 내일이 있고 모레가 있다며 게으름을 피우는 것이다. 이런 사람이 성장하거나 성공하는 일은 절대 일어나지 않는다.

꿈을 현실로 만드는 집중력

현재에 집중하지 않는 사람치고 불평불만을 갖고 있지 않은 사람은 거의 없다. 지금 하는 공부에 최선을 다하지 않기 때문에 성적이 저조하고, 직장에서 최선을 다해 일하지 않기 때문에 늘 성과가 바닥이다. 그런데도 이들은 성적이 낮고 일의 성과가 좋지 못한 것을 자신의 머리를 나쁘게 낳아준 부모 탓, 불공정한 회사의 여건 탓으로 돌려버린다. 더 나아지기 위한 노력은 한 톨도 하지 않는다. 그러니 인생은 늘 제자리걸음이다. 이런 사람과 함께 어울리다 보면 나 자신까지 물들며 퇴보하게 된다.

반면 현재에 집중하는 사람은 불평할 틈이 없다. 그들은 마치 단거리 달리기 선수처럼 줄곧 목표를 향해 달려가기 때문이다. 그들은 언제나 목표에 집중하는 습관을 가지고 있다. 여행자가 목적지를 향해 가듯이 목표와 계획을 세워 강도 높은 노력을 쏟아붓는다. 그 결과 자신이 꿈꾸는 대로 성공하는 인생을 살게 되는 것이다.

어느 날 불평불만으로 가득 찬 청년이 왕을 찾아왔다. 그는 왕에게 인생을 성공적으로 사는 법을 가르쳐 달라고 졸랐다.

왕은 잔에 포도주를 가득 부어 청년에게 주면서 이렇게 말했다.

"이 포도주 잔을 들고 시내를 한 바퀴 돌고 오면 성공비결을 가르쳐 주겠다. 단, 포도주를 한 방울이라면 쏟는다면 네 목을 벨 것이다."

청년은 땀을 뻘뻘 흘리며 시내를 한 바퀴 돌고 왔다.

그러자 왕이 물었다.

"시내를 돌며 무엇을 보았느냐? 거리의 거지와 장사꾼들을 봤느냐? 혹시 술집에서 새어 나오는 노랫소리를 들었느냐?"

청년이 대답했다.

"포도주 잔을 신경 쓰느라 아무것도 보고 듣지 못했습니다."

그러자 왕이 말했다.

"바로 그것이 성공의 비결이다. 인생의 목표를 확고하게 세우고 일에 집중하면 주위의 유혹도 비난도 들리지 않을 것이다."

청년은 시내를 도는 동안 포도주 잔에서 시선을 뗄 수 없었다. 그래서 주위에서 일어나는 일들에 전혀 신경을 쓸 수 없었다. 만약 청년이 포도주 잔에 신경을 쓰지 않았더라면 어떻게 되었을까? 분명 포도주를 쏟고 말았을 것이다.

지금 자신이 하는 일에서 최고가 되고 성공하는 것 역시 이와 같다. 지금 하는 일에 온전히 몰입할 수 있어야 한다. 그렇게 집중하다 보면 그 일과 하나가 된다. 주위에서 일어나는 일에는 무감각해지게 되고. 머릿속에는 오로지 어떻게 하면 좀 더 빨리 목표를 성취할 수 있을까,

하는 생각으로 가득 차게 된다. 그래서 주위에서 부정적인 이야기를 해도 신경 쓰지 않는다. 자신의 목표 실현에 전념하게 되는 것이다.

성공 컨설턴트 지그 지글러(Zig Ziglar)는 이런 말을 했다.

"행동가가 되라. 목표를 설정하고도 행동하지 않으면 당신의 목표는 이루어지지 않는다. 가만히 있지 말고 행동하라. 항상 진보적인 사람이 되라."

지금 이 순간을 살아라

아무리 자세히 지도한다고 해도 목적지를 향해 나아가지 않으면 아무 소용없다. 그렇듯이 아무리 뚜렷한 목표가 있더라도 노력하지 않으면 실현되지 않는다. 목표를 실현하기 위해선 반드시 행동이 따라야한다. 행동이 뒷받침될 때 목표는 현실이 되고 꿈과의 거리가 좁혀지게 된다. 그 어떤 성공자도 가만히 앉아서 쉽게 성공하지 않았다. 그들은 목표를 이루기 위해서 자신의 모든 것을 바쳤던 사람들이다.

세상에는 현재에 집중하는 사람과 그렇지 않은 사람이 있다. 전자는 성공하는 인생을 살아갈 테지만, 후자는 실패 속에서 절망적인 삶을 살게 될 것이다. 씨를 뿌리지 않은 땅에 자신이 원하는 꽃이 피어날리 만무하다. 성공하는 인생을 살기 위해선 지금 이 순간에 최선을 다해야 한다. 당신이 갈망하는 눈부신 미래는 현재로부터 시작된다. 오늘보다 더 나은 삶을 기대한다면 어떤 일이 있어도 현재에 집중해야 된다. 지금 최선을 다해 보내는 현재가 부와 풍요가 넘치는 미래를 만든다는 것을 기억해야 한다.

02

부자들은 2가지를
아침마다 합니다

"계획 없는 목표는 한낱 꿈에 불과하다."

– 《어린 왕자》의 작가, 생텍쥐페리(Antoine Marie Roger De Saint Exupery)

성장하는 사람과 제자리걸음인 사람을 자세히 살펴보면 한 가지 사실을 알 수 있다. 전자는 '해야 할 일'과 '하지 말아야 할 일'의 리스트를 정해서 생활한다. 하지만 후자는 구분 없이 그때그때 마음 가는 대로 생활한다. 그래서 성장하는 사람은 바쁘게 살면서도 많은 일을 해낸다. 그 과정에서 성장하게 되고 시간이 갈수록 보람된 삶을 살게 된다. 반면에 후자는 시간이 지나도 어제와 다를 바 없는 삶을 살아간다. 늘 그렇듯이 시간에 쫓기고 돈에 조이면서 살게 되는 것이다.

당신이 갈망하는 꿈을 이루기 위해 쓸 수 있는 재료는 시간이다. 그런데 안타깝게도 시간은 한정되어 있다. 우리 모두의 삶은 유한하기 때문이다. 시간을 아끼지 않으면 안 되는 이유다. 그 때문에 중요한 일과 중요하지 않은 일을 구분해서 해야 한다. 그러지 않으면 덜 중요한 일을 하느라 소중한 시간을 허비하게 된다. 정작 중요한 일을 해야 할 때는 시간이 부족해서 그 일을 제대로 해내지 못하게 된다.

선택과 집중을 하고 싶은데 기준을 모르겠다면?

베스트셀러 《좋은 기업을 넘어 위대한 기업으로》를 쓴 세계적인 경영학자 짐 콜린스(Jim Collins). 그는 '경영학의 아버지'라 불리는 피터 드러커(Peter Ferdinand Drucker)를 멘토로 생각했다. 그는 중요한 결정을 앞두고 있거나 고민이 있을 때마다 드러커를 찾아가 조언을 구했다.

어느 날 콜린스가 고민을 털어놓자 드러커가 이렇게 물었다.

"해야 할 일의 리스트가 있습니까?"

"예, 있습니다."

그는 당연하다는 듯이 자신 있게 대답했다. 그러자 드러커는 기다렸다는 듯이 다시 물었다.

"그러면 하지 말아야 할 일의 리스트도 있겠지요?"

"예? 하지 말아야 할 일의 리스트요?"

순간 콜린스는 아무런 대답도 할 수 없었다. 간단한 질문이었지만 말문이 막혀버린 것이다. 당시 그는 여기저기서 밀려드는 기업들의 경영 컨설팅 일 때문에 정신이 없었다. 그는 책 집필과 같은 콘텐츠를 개발하는 일에 집중해야 할지, 아니면 밀려드는 기업들의 경영 컨설팅 일 처리를 위한 조직을 만들어야 할지 결정을 내리지 못하고 있었다.

한참 그의 고민을 듣고 있던 드러커는 그에게 물었다.

"당신만의 아이디어를 내는 일과 회사 조직을 만드는 일 중에 어떤 걸 먼저 하고 싶습니까?"

콜린스는 망설이다가 회사 조직을 먼저 만들겠다고 답했다. 피터 드러커는 그에게 회사 조직을 만들면 안 되는 이유를 말했다.

"만약 당신이 회사 조직을 만든다면, 그 순간 책임져야 할 가족이 많이 생기게 됩니다. 그 가족을 책임지기 위해 아이디어를 짜낸다면 당신이 받는 존경과 구성원에게 끼치는 영향력은 크게 추락할 것입니다. 신선한 아이디어를 생각해내어 파는 것과 먹고살기 위해 아이디어를 내는 것에는 차이가 있기 때문입니다. 당신은 누구를 위해 일하고 싶습니까? 훌륭한 인품을 가진 사람들의 생각에 영향력을 미치기 위해 최선을 다해야 합니다."

드러커의 조언이 콜린스의 인생을 변화시켰다. 사실 드러커를 만나기 전까지 그는 컨설팅을 비롯해 여러 가지 일을 해보고 싶은 마음이 있었다. 그러나 이것은 그저 욕심이었다. 그는 드러커의 조언대로 과감히 욕심을 버리고 자신이 해야 할 일의 첫 번째 리스트에 자신만의 아이디어를 개발하는 일, 즉 저술 활동을 올려놓았다. 그리고 하지 말아야 할 일의 리스트에는 당장의 수입을 위해 기업들에 경영 컨설팅을 제공하는 일을 적었다. 그 결과 콜린스는 가장 중요한, 아이디어를 생산하는 일에 집중할 수 있었다. 그리고 얼마 후 그는 베스트셀러 《좋은 기업을 넘어 위대한 기업으로》를 집필해 세계적인 경영학자, 경영컨설턴트로 성장할 수 있었다.

내가 20세로 돌아간다면 만사 제치고 '이것'부터 할 것이다

요즘 정말 많은 사람이 도와달라며 나를 찾아오고 있다. 나를 찾아오는 사람들 대부분이 경제적으로 힘든 이들이다. 나는 그들에게 지금 이 시대는 단군 이래 가장 돈 벌기 쉬운 시대라고 말해준다. SNS와 유튜브만 잘해도 직장인들은 평생 만져보지 못하는 큰돈을 벌 수 있다. 요즘처럼 너무나 빠르게 변화하는 시대에 천천히 부자 되기로는 가망이 없다. 돈은 기하급수적으로 벌어들여야 하기 때문이다.

그동안 내가 가르쳤던 수많은 평범한 사람들이 나에게서 돈 버는 기술을 배워 마치 다이슨 청소기처럼 돈을 기하급수적으로 빨아들이고 있다. 나는 내가 운영하는 교육회사에서 퍼스널 브랜딩 교육을 통해 수많은 경제적 자유인을 배출했다. 절대 절약만으로 힘들고 고통스러운 삶을 개선해보려고 해선 안 된다. 이는 정말 어리석고 미련한 짓이다. 언 발에 오줌 누기와 다를 바 없다. 언 발에 오줌을 누면 단 몇 초간은 따뜻할지 모르지만 그게 끝이다. 오히려 심한 동상에 걸려 어쩌면 발을 절단해야 할지도 모른다. 내가 하는 일은, 경제적으로 힘든 사람들이 더는 자유를 사기 위해 자유를 파는 인생에서 벗어나도록 도와주는 일이다.

나는 평범한 사람이 쉽고 빠르게 똑똑해지고 지혜로워지는 방법으로 글쓰기만 한 게 없다고 생각한다. 매일 꾸준히 글을 쓰면 의식의 변화, 생각의 변화가 일어나게 된다. 그 사람의 의식 상태를 보면 그 사람의 현재 수준을 알 수 있다. 의식이 생각으로 이어지고 생각은 말과 행동으로 이어지기 때문이다.

당신은 그동안 살아오면서 수많은 인풋을 해왔을 것이다. 사람들은 저마다 지식과 경험, 삶의 깨달음, 그리고 지혜들을 갖고 있다. 그런데도 계속 다른 사람들이 쓴 책들을 읽고 배우려 한다. 그러다 보니 아웃풋을 하지 못하는 것이다. 인풋만 하고 아웃풋을 하지 않는 사람들은 자기 성장을 이루지 못한다. 계속 결핍 상태에 놓이게 된다. 대신 글쓰기를 하면 자기 성장을 넘어 자신에 대해 제대로 알게 된다. 자신에 대해 제대로 알게 되면 그때 비로소 명확한 꿈이 생겨나고 가슴에서 열정이 샘솟는다. 이는 결국 행동으로 옮겨져 꿈을 이루게 되는 것이다.

그동안 내가 이룬 성취의 시작에는 글쓰기, 책 쓰기가 있었다

글쓰기는 쉽고 빠르게 자수성가할 수 있는 최고의 무기 가운데 하나다. 블로그에 꾸준히 자신이 좋아하는 분야나 취미에 대한 글을 써 보자. 그러면 자신만의 지식과 경험과 지혜들이 글로 쌓이게 된다. 출판사에서는 이 블로그 글들을 보고 책 출간을 의뢰해 오기도 한다. 이것들을 다 떠나서 글쓰기를 안 하면 너무나 큰 손해라고 말하고 싶다. 글쓰기는 쉽고 빠르게 나를 바꾸어 줄 뿐 아니라, 세상에 나라는 존재를 드러내 주는 무기이기 때문이다. 팍팍한 시대, 20대, 30대일수록 무조건 글쓰기를 하라고 조언하고 싶다.

나는 그동안 많은 것들을 성취했다. 내가 이룬 성취의 시작에는 글쓰기, 책 쓰기가 있다. 과거에는 흙수저, 무스펙, 전문대 출신, 신용불량자였지만, 현재는 100평짜리 펜트하우스에서 살고, 40개의 부동산을 소유한 200억 자수성가 부자가 되었다. 지금껏 내가 이룬 것들은 모두 과거에 종이에 기록했던 것들이다.

자신의 분야에서 최고가 된 사람들에게는 그럴 만한 이유가 있다. 그들은 자신에게 어떤 일이 중요하고, 또 어떤 일이 덜 중요한지 잘 알고 있기 때문이다. 지금의 나는 책 집필과 강연, 글쓰기, 책 쓰기, 퍼스널 브랜딩, 무자본 창업 교육 등을 하며 많은 사람을 만나고 있다. 하지만 과거에는 힘든 인생을 살아야 했다. 당시를 되짚어보면 덜 중요한 일, 해선 안 되는 일을 하느라 시간과 노력을 낭비했다는 생각이 든다. 10대 때는 꿈을 찾는 일에 시간을 쏟지 않았고 공부의 중요성도 느끼지 못했다. 20대 초반에도 나는 꿈을 실현하기 위해 고군분투하기보다 친구들을 만나 술을 마시는 등 순간의 즐거움이나 쾌락을 맛보는 데 시간을 썼다. 하지만 다행인 것은 그 와중에도 나는 내 꿈을 포기하지 않았다는 것이다.

지금 당장 '해야 할 일 리스트'와 '하지 말아야 할 일 리스트'를 작성해보라

나는 사람들에게 더 늦지 않게 해야 할 일과 하지 말아야 할 일을 구분해야 한다고 말한다. 그래서 항상 그 두 가지 일의 리스트를 따로 작성해 생활하고 있다. 나는 이 책을 읽는 사람들이 어제와 다를 바 없는 삶의 과정을 밟지 않았으면 싶다. 당신에게 다음과 같은 '해야 할 일 리스트'를 소개할까 한다. '하지 말아야 할 일'의 리스트는 그 해야 할 일의 반대 목록을 생각하면 될 것이다. 리스트는 각자의 현실에 맞게 빼거나 추가하면 된다. 귀찮아도 리스트를 적어보면 당신이 더 나은 사람으로 성장하는 데 큰 도움이 될 것이다.

해야 할 일 리스트

① 인생의 목적 찾기

② 버킷리스트 작성하기

③ 내 이름으로 된 책 쓰기

④ 새벽 5~6시 기상하기

⑤ 성공에 도움 되는 습관 가지기

⑥ 술, 담배 끊기

⑦ 주말에 온라인 마케팅 공부하기

⑧ 일주일에 유튜브 영상 하나 찍기

⑨ 내 꿈과 관련된 책 50권 읽기

⑩ 무자본 창업 준비하기

'해야 할 일 리스트' 써보기

①

②

③

④

⑤

⑥

⑦

⑧

⑨

⑩

03

부자들이 죽어도 지키는
사소한 습관 3가지

"천천히 조급하지 않게 걷는 자에게 이르지 못할 먼 길은 없으며
끈기 있게 준비하는 자에게 얻지 못할 이득은 없다."
– 프랑스 잠언가, 라 브뤼에르(La Bruyère)

우리가 과거 학교에서 배웠던 지식에는 한계가 있다. 그동안 우리
는 이 시대에 활용할 수 없는 오래되고 낡은 지식을 주입받아 왔기 때
문이다. 학교에서 배웠던 지식은 우리가 세상에서 몸소 부닥치며 배우
는 지식에 비하면 조족지혈(鳥足之血)에 불과하다. 성장하고 성공하는
삶을 살고자 한다면 자신이 좋아하는 분야에서 다양한 경험을 하면서
살아 있는 지식과 지혜, 깨달음을 얻어야 한다.

나는 그동안 다양한 분야에서 성공한 사람들을 많이 만났다. 그들
을 통해 지식은 얼마든지 다양한 방법을 통해 얻을 수 있다는 것을 알
게 되었다. 굳이 내가 직접 경험하지 않아도 책에서나 다른 사람들의
경험을 통해 간접적으로 얻을 수 있다는 뜻이다. 나 역시 다양한 장르
의 책을 읽음으로써 많은 지식을 갖출 수 있었다.

책은 오늘보다 더 나은 내일을 살기 위해 반드시 필요한 성공 요소다. 책은 우리가 매일 섭취하는 필수 영양소처럼 인생을 살아가는 데 필요한 자양분이 되어준다. 그런데 사람들 가운데 책을 멀리하는 사람이 있다. 꿈과 목표가 없거나 삶을 개선할 의지가 없는 사람들 대부분이 책을 읽지 않는 경향이 짙다. 그들은 책과 담을 쌓게 되면 성공과도 담을 쌓게 된다는 것을 인식하지 못한다.

책을 통해서도 다양한 지식과 지혜를 얻을 수 있다. 하지만 자신의 직접 경험을 통해 얻는 것에 비할 바는 못 된다. 나는 그동안 나의 지식과 경험, 노하우를 사람들에게 알려주는 무자본 창업을 한 후 정말 많은 지혜와 깨달음을 얻었다. 그래서 세상 속에서 배우는 지식이 진짜 지식이라고 생각한다. 거기엔 지혜와 깨달음이 담겨 있기 때문이다. 내가 사람들에게 가급적 자신이 하고 싶은 일이 있다면 주저하지 말고 도전하라고 말하는 이유다. 도전을 통해 생각과 견문이 넓어지고 통찰력이 깊어지기 때문이다.

우리에게 가장 큰 깨달음을 주는 학교는 바로 경험이다. 다양한 경험을 통해 그동안 알지 못했던 지식을 쌓을 수 있기 때문이다. 그뿐만 아니라 타인들의 생각이나 철학, 태도 등을 통해 '나'라는 그릇을 깊고 넓게 키울 수도 있다. 성공한 사람들이 강조하는 말 가운데 하나를 꼽는다면 여행을 많이 하라는 것이다. 여행을 통해 자신을 돌아볼 수 있을 뿐 아니라 자신의 현주소를 알 수 있기 때문이다. 또한, 다른 사람들의 모습을 통해 삶의 자세는 물론 깨달음을 얻을 수 있기 때문이다.

물은 쉬지 않고 흐를 때 썩지 않는다. 아니, 오히려 더 맑아진다. 그러나 고인 물은 썩게 마련이다. 우리 역시 배움을 거부하고 그 자리에 머물러 있게 되면 고인 물과 같은 사람이 된다. 나의 성장은 멈춘 데 비해 다른 사람들은 계속 성장할 것이기 때문이다. 결국, 경쟁에서 밀려나 도태될 것이기 때문이다.

프랜시스 베이컨은 '아는 것이 힘이다'라는 말을 남겼다. 지식이 바탕이 될 때 사고가 확장될 뿐 아니라, 더 넓은 세계로 나아갈 수 있다. 지식은 나의 꿈을 좀 더 쉽고 빠르게 이룰 수 있도록 도와준다. 그래서 성공하는 인생을 사는 사람들은 바쁜 와중에도 책을 읽고 계속 부족한 부분을 보완하기 위해 자신을 갈고닦는다.

성공하고 싶다면 끊임없이 배우고, 익히고, 깨달아라

독일의 시인 괴테(Johann Wolfgang von Goethe)는 "유능한 사람은 언제나 배우는 사람이다"라고 말했다. 그렇다. 지혜롭고 능력 있는 사람은 언제 어디서든 배움의 끈을 놓지 않는다. 세상이 자신이 배워야 할 지식으로 가득 차 있다는 것을 알고 있기 때문이다. 그래서 누군가를 만나더라도 절대 자만하거나 잘난 체하지 않는다. 오히려 아무것도 모르는 사람처럼 행동해 상대로부터 지식, 정보, 지혜를 취한다.

당신은 지금 인생이라는 집을 짓는 건축가다. 자신이 원하는 집을 짓기 위해서는 가장 먼저 완벽한 설계도가 있어야 한다. 그다음, 집을 짓기 위한 좋은 재료들이 갖추어져 있어야 한다. 이때 좋은 재료는 폭넓은 지식과 경험, 인생의 깨달음, 지혜라고 할 수 있다. 그러나 아무리 좋은 재료가 있다고 하더라도 행동에 나서지 않으면 무용지물이다. 자신이 원하는 집을 지을 수 없다. 따라서 자신이 배우고 깨달은 것들을 생활 속에서 실천하는 것이 중요하다. 그리할 때 자신의 진정한 잠재력을 발휘할 수 있다. 그리고 마침내 자신이 그토록 원했던 멋진 집이 탄생하게 된다.

앞으로 잘되고 싶고, 성공하고 싶다면 끊임없이 배우고, 익히고, 깨달아야 한다. 그것을 실천하는 사람이 되어야 한다. 아무리 뛰어난 지식과 경험, 지혜를 갖고 있더라도 그것을 생산적으로 활용하지 않는다면 아무런 소용이 없다. 그 어떤 일도 기대할 수 없고, 아무 일도 일어나지 않을 것이다.

경영학의 아버지라 불리는 피터 드러커(Peter Drucker)는 저서《프로페셔널의 조건》에서 다음 일곱 가지를 조언하고 있다. 조금이라도 더 나은 삶을 살고자 한다면 그의 말에 귀 기울일 필요가 있다.

첫째, 목표와 비전을 가져라.
둘째, 신들이 보고 있다.
셋째, 끊임없이 새로운 주제를 공부하라.
넷째, 자기 일을 정기적으로 검토하라.
다섯째, 새로운 일이 요구하는 것을 배워라.
여섯째, 피드백 활동을 하라.
일곱째, 어떤 사람으로 기억되기 바라는가?

드러커는 성공은 차치하더라도 더 나은 사람이 되려면 목표와 비전을 가지고 끊임없이 공부하라고 충고한다. 그리고 자신이 어떤 사람으로 기억되기 바라는지 스스로 질문해야 한다고 말한다. 사실 사람들이 꿈을 가지고 그것을 실현하기 위해 노력하는 것은 자신이 바라는 인물이 되기 위해서다.

뜨겁고, 아름답고, 후회 없는 인생을 살아라

30세에 상하이 푸단 대학교의 최연소 교수가 되어 화제가 되었지만, 안타깝게도 암으로 세상을 떠난 위지안(于娟)의 저서《오늘 내가 살아가는 이유》를 읽었던 경험을 앞서 소개했다. 30세라는 젊은 나이에 중국 3대 명문대학이자 세계 100대 대학으로 꼽히는 상하이 푸단 대학교의 최연소 교수가 된 그녀는 그 자리에 오르기 위해 피나는 노력을 해야 했다.

위지안은 노르웨이 오슬로 대학교에 유학해, 환경과 경제학을 접목한 새로운 연구 결과를 가지고 고국에 귀국했다. 그렇게 중국 학계의 주목을 받으며 북유럽의 바이오매스 에너지 시스템을 중국에 도입하기 위해 고군분투했다. 그녀는 그 노력을 바탕으로 중국 정부는 물론, 노르웨이에 거대한 프로젝트를 제안해 성사 단계에 있었다. 그녀는 돌이 막 지난 아들로부터 "엄마", "아빠" 같은 말을 들으며 행복에 젖어 눈물짓곤 했다. 또한, 외동딸을 '세계 100대 명문대' 교수로 만든 부모님이 어깨를 펴고 성공한 딸을 자랑하는 것을 들으며 흐뭇해했다.

그렇게 그녀가 더 큰 꿈을 향해 비상하려는 순간, 그녀는 말기암이라는 청천벽력 같은 말을 듣게 된다. 그러나 암은 그녀에게 '마지막'이 아니었다. 암은 오히려 그녀 인생의 분수령이 되어주었다. 그녀는 온몸에 전이된 암세포 때문에 뼈가 녹아내리는 고통 속에서도 희망을 잃지 않았다. 오히려 나날이 새로워지는 자신을 발견했다. 자신의 과거와 현재를 넘나들며 소중한 가치들을 돌아볼 수 있었다. 그렇게 '삶의 끝에 와서야 알게 된 것들'을 자신의 블로그에 기록하기 시작했다.

그녀가 자신의 블로그에 올린, 평범하지만 긴 울림을 주는 글들은 네티즌들의 주목을 받았다. 글마다 10만 회 이상 조회, 수백여 건의 댓글이 달릴 정도로 화제가 되었다. 그녀의 글들은 많은 사람에게 덜 중요한 것을 위해 가장 중요한 것을 잃고 있는 자신을 돌아보는 계기가 되었다.

이 책의 인세는 그녀의 병간호 때문에 빚을 잔뜩 진 가족과 생전에 꼭 이루고 싶어 했던, 환경보호에 중요한 역할을 할 '에너지 숲' 프로젝트에 쓰이고 있다. 그녀는 비록 세상을 떠났지만, 그녀가 남긴 고귀한 뜻은 많은 사람의 마음속에 남아 계속 이어지고 있다.

나는 위지안이 쓴 책을 읽으면서 거듭 눈물을 흘렸다. 고생 끝에 낙이 아닌 절망이 닥친 그녀의 불행에 대한 안타까움과 함께, 그녀의 책을 통해 인생에서 무엇이 소중한지 비로소 깨달았기 때문이다. 나 역시 그녀의 책을 읽은 수많은 사람처럼 어떻게 사는 게 제대로 사는 것인지 생각해보는 계기가 되었다. 그녀는 30세라는 짧은 생을 살다가 갔지만, 누구보다도 뜨겁고, 아름답고, 후회 없는 인생을 살았다.

스티븐 코비(Stephen Covey)의 저서《성공하는 사람들의 8번째 습관》에 보면 이런 말이 있다.

"알고도 행하지 않으면, 실제로는 모르는 것이다. 배우고 실천하지 않으면, 실제로는 배운 것이 아니다. 이해하고도 적용하지 않으면, 실제로는 이해한 것이 아니다. 지식과 이해를 자기 것으로 만드는 길은 실행과 적용뿐이다. 우리는 책을 읽고, 강연을 들으며 테니스를 배울 수 있지만, 실제로 경기를 해보기 전까지는 테니스를 알 수 없다."

코비의 말처럼 배우고 실천하지 않으면 실제로는 배운 것이 아니다. 항상 배우고 익힌 것을 실천해야 한다. 인생의 모든 성과나 성공은 이 세 가지에서 비롯된다. 마지막으로 영국의 철학자이자 경제학자였던 허버트 스펜서(Herbert Spencer)의 말을 기억하길 바란다.

"교육의 위대한 목표는 배우기만 하는 것이 아니라, 배운 것을 실천하는 '행동'이다."

04

상위 클래스의 사람들은
'이것'의 달인이다

"행동력을 착실하게 향상시키려면 당신이 해야 할 일을 이 순간부터
주저 말고 시작하고, 전력을 다해 부닥쳐 나가야 한다.
이외에 성공의 비결이란 절대로 없다."

– 일본 보험왕, 하라 잇페이(はらいっぺい)

자신의 분야에서 일가를 이룬 사람들은 하나같이 그저 열심히 일했다고 말하지 않는다. 사실 세상에 열심히 일하고 노력하지 않는 사람이 어디 있겠는가. 그러니 조정래의 말처럼 자신의 노력이 자신에게 감동을 줄 수 있을 정도로 죽을힘을 다할 때 비로소 노력했다고 말할 수 있겠다.

《태백산맥》,《아리랑》을 쓴 소설가 조정래의 대하소설을 읽어본 사람들은 하나같이 그의 필력에 감탄사를 내뱉는다. '조정래라는 작가는 정말 글을 잘 쓰는구나!'라고 느끼게 된다. 이런 감탄사가 절로 나오는 것은, 그가 글쓰기를 감옥에 비유할 정도로 장인정신으로 글을 쓰기 때문이다.

그가 쓴 《태백산맥》은 스스로를 '글 감옥'에 가두고 무려 20년 동안

이나 우리 역사의 아픔을 한 글자 한 글자 육필로 써나간 역작이다. 3부작 《태백산맥》, 《아리랑》, 《한강》의 완간은 요즘 문학계에서는 보기 드물게 치열한 장인정신으로 완성했다는 점에서 '문화사적 대사건'으로 평가되고 있다.

한국전쟁을 다룬 《태백산맥》이 10권, 그보다 조금 아래 시대로 내려가 개화기부터 한국전쟁 직전까지를 다룬 《아리랑》이 12권, 그리고 한국전쟁 이후부터 1980년 광주민주화운동 직전까지 다룬 《한강》이 10권으로 모두 32권에 이를 만큼 그 양이 방대하다. 그가 육필로 쓴 원고지 양은 무려 5만 3,000여 매로 높이 5m 50cm에 그만큼 거대한 글자의 성(城)을 이루고 있다고 해도 과언이 아니다.

조정래는 이렇게 말했다.

"그동안 하루 평균 30매가량 쉼 없이 써왔어요. 《태백산맥》을 만년필로 썼는데, 너무 무겁고 손가락이 눌려 군살이 박였지요. 그래서 세라믹 펜으로 바꿨어요. 다 쓴 펜을 작품마다 모아놓고 보니 편마다 60개가 넘더군요."

그는 하루 평균 원고지 30매를 썼다. 하루 평균 30매의 원고지를 쓴다는 것은, 글을 쓰는 사람이라면 누구나 공감한다. 그게 뼈를 깎는 고통이라는 걸 말이다. 오죽했으면 그가 대하소설 쓰는 일을 '중노동'으로 표현했을까.

3부작을 완성하기까지 위궤양에다 오른팔 마비, 엉덩이에 생긴 종기 수술을 하고 나서도 그는 원고 쓰기에 매달렸다. 심지어 소설 마무리 후에 치료하겠다면서 아픈 배를 움켜쥐고 글을 썼을 정도로 투혼을 발휘했다. 그렇게 오랜 산고 끝에 탄생한 그의 대하소설 3부작은 독자들의 큰 호응을 불러일으키며 출판계 최초로 1,000만 부란 판매 기록을 세우기도 했다.

꾸준함은 모든 것을 이긴다

조정래는 지독한 노력파다. 그가 쓴 소설들이 하나같이 역작으로 평가받는 것은 그가 장인정신으로 글을 쓰기 때문이다.

"소설 쓰기는 일상생활 속에서 지친 영혼을 흔들어 깨우고 각성케 하고 감동을 주는 작업입니다. 하루 8시간 노동으로 지쳐있는 독자 대중의 영혼을 감동시키려면 적어도 그 자신의 2배에 이르는 시간을 들여 쓴 시간 동안 글쓰기를 해야 한다고 생각해요. 2배의 소설을 읽고 감동하는 것이지요. 술도 금하고 여행도 금하고 세상과 절연한 채 작품에 몰입하다 보니, 엄동설한에도 겨드랑이에 땀이 다 차더군요."

조정래가 생각하는 노력의 의미는 보통 사람들이 생각하는 것과는 차원이 다르다는 것을 알 수 있다. 그의 말을 빌려보면 집중된 노력이라는 말에 어떤 뜻이 담겨 있는지 알 수 있다.

"최선을 다했다는 말을 함부로 쓰지 마라. 최선이란 자신의 노력이 스스로를 감동시킬 때 비로소 쓸 수 있는 말이다."

그런 지독한 장인정신으로 글을 쓰기 때문에 사람들은 그가 신간을 펴내면 기다렸다는 듯이 서점으로 달려가 책을 사 본다. 그가 펴낸 책들은 그냥 소설이 아니라 그의 혼이 담긴 역작이기 때문이다.

여자들이라면 누구나 갖고 싶어 하는 명품 브랜드 루이뷔통. 루이뷔통이 명실상부한 세계적 명품 브랜드로 입지를 굳힐 수 있었던 비결 또한 장인정신에서 찾을 수 있다. 루이뷔통 가방을 제작하는 장인들의 손은 기계보다 더 정확하다. 가방 하나를 탄생시키기 위해선 보통 200가지 공정을 거쳐야 한다. 이 공정에서 가장 중요한 것은, 장인들의 정성과 세심한 손길이다.

루이뷔통의 재봉사들은 재봉틀에 가죽을 밀어 넣어 자동으로 박음질하지 않는다. 오로지 수작업으로 제품을 만들어 낸다. 발로 재봉틀을 한 번씩 밟아가며 2mm 간격으로 한 땀 한 땀 박음질한다. 그 정밀도는 마치 기계로 작업한 것처럼 높다. 이쯤 되면 가방 하나 만드는 데 보통 며칠이 걸리는지 궁금해진다. 히트 상품인 '스피디 가방'의 경우 10명이 종일 매달려야 하나를 제작할 수 있다. 특별 제작 트렁크의 경우 일 년에 한두 개 정도 완성될 만큼 많은 시간과 노력을 필요로 한다. 많은 사람이 들고 다니는 보통 가방이 200가지 공정을 거치는 데 비해 루이뷔통의 여행용 트렁크의 경우 700가지에 이르는, 복잡한 공정을 거쳐야 비로소 완성된다.

루이뷔통이 가장 중시하는 건 두 가지 분야의 장인이다. 먼저 가죽을 선택하는 장인과 제품의 흠결을 찾아내는 '고문 기술자'다. 40년 경력의 가죽 매니저는 가죽을 손으로 만져보기만 해도 젖소인지, 육식용

인지, 스트레스 정도는 어떠했는지 구분할 수 있을 정도다. 그 과정을 거쳐 가방이 세상에 탄생하려면 5,000번 이상 지퍼를 열고 닫으며 지퍼의 흠결을 체크하는 과정 또한 거쳐야 한다. 이와 더불어 가방의 견고성을 실험하기 위해 가방에 3~4kg짜리 돌멩이를 채운 후 일주일간 바닥에 내동댕이치는 작업도 거쳐야 한다. 이런 지독한 장인정신이 매 시즌 큰 인기와 화제를 모으는, 독보적인 명품 브랜드 루이뷔통을 만들어낸 힘이다.

미쳐라! 미친놈이 성공한다

오래전 한 방송에서 SM엔터테인먼트 이수만 전 회장은 당시 초등학교 5학년이었던 가수 보아를 캐스팅하게 된 배경을 이렇게 밝혔다.

"초등학교 5학년 때 친오빠를 따라 오디션장에 왔다가 눈에 띄었다. 당시 중학교에 입학하지 않은 인재를 찾아 헤맸었다."

당시는 초등학생 솔로 여가수를 거의 찾아볼 수 없었던 1990년대 후반이었다. 그때 보아가 2000년 8월, 만 13세의 나이로 가요계에 데뷔한 것이다. 사람들은 대부분 보아가 타고난 재능을 바탕으로 쉽게 데뷔했을 거라고 생각한다. 그러나 이런 예상과 달리 보아는 연습생 기간 3년 동안 늘 연습에 파묻혀 지내야 했다. 학업과 연습을 병행하며 평일 5시간, 휴일 10시간씩 꼬박 연습과 훈련에 매진했던 것이다. 이런 지독한 노력 끝에 그녀는 아시아를 대표하는 가수가 될 수 있었다.

보아는 한 인터뷰에서 이렇게 말했다.

"가수의 꿈을 이루기 위해 그동안 많은 일을 참아왔다. 꿈은 마음속으로 바라기만 한다고 해서 이루어지지 않는다. 꿈을 이루겠다는 강한 의지와 그에 수반되는 노력이 필요하다. 노래를 좋아하는 것만으로는 무대에 설 수 없었다."

최고가 되기 위해선 죽을힘을 다해 노력해야 한다. '죽을힘'이라는 말은 소설가 조정래의 말처럼 자신이 스스로를 감동시키는 노력을 뜻한다. 이런 지독한 노력이 담기지 않는다면 절대 노력이라는 단어를 함부로 써선 안 된다. 사람들 대부분이 발전이 없는 하루하루를 보내고 가난하게 사는 이유는, 진짜 노력하는 삶을 살지 않기 때문이다.

다음의 실험 결과에서 우리가 왜 자신의 일에 몰입해야 하는지, 그 이유를 찾을 수 있을 것이다.

2009년 9월, 미국 스탠퍼드 대학의 연구팀이 동시에 여러 가지 일을 하는 멀티태스커들에 대한 실험을 진행했다. 연구팀은 각 대학교에서 멀티태스커 100명을 선발했다. 그러곤 그들에게 화면으로 빨간색 사각형 2개를 연달아 보여주면서 "빨간색이 위치를 옮겼는지 관찰하라"라고 주문했다. 빨간색 사각형 주변에는 파란색 사각형들이 있었다. 한 번에 하나에 집중하는 일반 학생들은 파란색을 무시하고 빨간색만 찾아내 비교적 문제를 쉽게 맞혔다. 그러나 멀티태스커들은 일일이 파란색을 신경 쓰느라 번번이 틀리는 것이었다. 그래서 연구팀은 다른 가능성을 열어두었다.

'빨간색만 보라고 했는데 파란색까지 보다니, 혹시 멀티태스커들은 여러 가지를 기억하고 정리하는 능력이 뛰어난 것이 아닐까?'

이런 가능성에 착안해 연구팀은 두 번째 실험을 진행했다. 실험대상자들에게 알파벳 글자 여러 개를 보여준 후 같은 글자가 몇 번 겹치는지 세어보게 한 것이다. 일반 학생들은 이 문제를 쉽게 맞혔다. 그러나 멀티태스커들은 실험할수록 틀리는 횟수가 늘어났다. 여러 개의 알파벳을 머릿속에 입력만 하고 정리해서 저장하지 못했기 때문이다.

'단순정리는 못 할지 몰라도 한 가지 일에서 다른 일로 전환하는 능력은 뛰어날지 몰라. 아마도 변화가 많은 게임은 더 잘하지 않을까?'

연구팀은 마지막으로 실험을 한 번 더 진행했다. 학생들에게 연속적으로 숫자나 글자를 보여주었다. 그리고 숫자가 나오면 짝수인지 홀수인지, 글자가 나오면 자음인지 모음인지를 맞히는 게임을 시작했다. 역시 이번에도 결과는 마찬가지였다. 하나에 집중하지 못하는 멀티태스커들이 번번이 틀렸던 것이다.

실험을 진행한 클리포드 나스(Clifford Nath) 교수는 이런 결론을 내렸다.

"멀티태스커들이 특별한 능력이 있을 거라는 가설을 미리 세워두고 실험을 시작했지만, 멀티태스킹 능력이 뛰어날수록 주의가 산만하고 맡겨진 일의 완성도가 떨어지는 사람이라는 것이 밝혀졌다."

그리고 그는 덧붙여 이렇게 말했다.

"멀티태스커들은 쓸데없는 정보를 빨아먹는 유령과 같았다. 불필요한 정보를 걸러내야 문제를 풀 수 있는데, 그들은 외부적인 것이든 마음속이든 간에 떠오르는 것 모두에 신경을 쓰느라 무엇 하나도 제대로 하지 못하는 산만한 사람들이었다."

변하고 싶다면 악착같이 덤벼라

물론 과거와 비교했을 때 복잡한 지금 시대는 멀티태스킹을 필요로 한다. 하지만 그렇다고 하더라도 무언가를 할 때는 몰입해야 한다. 딴 생각, 딴짓을 한다면 고도의 집중력을 발휘할 수 없다. 3시간을 일하더라도 집중력을 발휘하면 6시간 일하는 것보다 훨씬 효율적이다. 더 많은 일을 해낼 수 있을 뿐 아니라 더 큰 성과를 올릴 수 있다. 성공하는 인생을 살려면 화력을 집중해 쏟아야 한다. 이런 집중된 화력이 축적될 때 성공이라는 정상에 설 수 있다.

나는 매일 매 순간 나 자신을 감동시키려 노력하고 있다. 그동안 내가 이룬 것들은 모두 나의 지독한 노력에서 비롯되었다. 나같이 가진 것 없고, 못 배우고, 지질한 사람이 성공할 방법은 노력밖에 없기 때문이다.

05

단 하루도 제대로 못 살면서
성공하길 기대하지 마라

"기회는 없어지지 않는다.
당신이 놓친 기회는 다른 사람이 잡는다."

– 작자 미상

성공한 사람들 가운데 불평을 늘어놓는 사람은 찾아보기 힘들다. 그들은 가난하고 힘들었던 과거에도 언제나 긍정적인 사고로 무장했다. 자신의 목적을 이루기 위한 노력을 멈추지 않았다. 꾸준한 자기계발은 물론, 부단한 자기관리를 통해 자신의 부족한 점을 보완했다. 위로 올라가는 데 필요한 요소들을 하나씩 채워나갔다.

반면 자신의 길을 가다가 중도에 포기한 사람들 가운데는 부정적인 사고를 하는 사람들이 참 많다. 그들은 입에 불평불만을 달고 산다. 입만 열었다 하면 조상 탓, 부모 탓, 사회 탓, 친구 탓, 동료 탓을 한다. 그들은 자신들이 성공하지 못한 원인을 외부 탓으로 돌리는 것이다.

나는 더 성장하고 성공하려는 사람들을 코칭하고 교육하는 일을 하고 있다. 그러다 보니 사람들의 외모를 관심 있게 본다. 성공하려는 사람이 가난한 외모를 하고 있으면 안 되기 때문이다. 우리는 매일 누군가를 만나고 소통하며 살아간다. 그들 중에 당신이 유독 좋아하는 사람이 있을 테고, 반대로 마음이 덜 가는 사람이 있을 것이다. 당신이 누군가에게 호감을 주는 사람이 된다면 원하는 것을 쉽게 얻을 수 있다.

준비가 되어 있는 사람에게만 기회가 보인다

우리는 누군가를 처음 만났을 때 가장 먼저 외모를 보게 된다. 외모를 보고 그 사람을 판단하는 경향이 짙다. 그러니 빠르게 자수성가하고 싶다면 자신의 외모를 가꿔야 한다. 독자 중에 무슨 외모로 사람을 판단하느냐, 라고 생각하는 분들이 있을지 모르겠다. 미리 말하지만 나는 외모지상주의를 정말 싫어한다. 하지만 성공을 간절히 바라는 사람이 자신의 외모를 가꾸지 않는다는 건 문제가 있다. 자신을 가꾸지 않는 사람은 자기관리가 안 되는 사람으로 보이기 쉽다. 가난에 찌든 사람들을 자세히 살펴보면 외모 관리가 되어 있지 않다. 이런 사람들은 자기 자신을 사랑할 줄 모른다. 대부분 자존감이 낮고 자신감이 부족하다. 이런 사람들과 잘못 엮였다간 인생 폭삭 망할 것 같은 느낌이든다. 그래서 잘나가는 사람들, 성공한 사람들은 이런저런 핑계를 대며 이런 사람들을 피하는 것이다. 재미있는 건 이들이 왜 사람들이 자신을 피하는지 모른다는 것이다. 이런 사람들에게 빠르게 성공할 기회를 주는 사람은 없을 것이다.

많은 사람이 자신에게만 유독 기회가 찾아오지 않는다며 툴툴거린다. 하지만 사실 기회는 공평하게 찾아온다. 다만 준비가 되어 있지 않은 탓에 기회를 알아차리지 못할 뿐이다. 로마의 시인이었던 오비디우스(Publius Naso Ovidius)는 이렇게 말했다.

"기회는 어디에도 있는 것이다. 낚싯대를 던져놓고 항상 준비태세를 취하라. 없을 것 같아 보이는 곳에도 언제나 고기는 있는 법이니까."

항상 준비된 사람이 되어야 한다. 준비가 되어 있는 사람에게만 기회가 보이기 때문이다. 지인 중에 의류업으로 크게 성공한 분이 있다. 언젠가 그에게 성공의 비결을 물었다. 그때 그가 했던 말이 생각난다.

"항상 준비된 사람이 되어야 합니다. 원칙에 충실하고 자기관리에 최선을 다하라는 뜻이지요. 열매가 매달려 있지 않은 앙상한 나무와 나뭇잎이 풍성해 그늘을 만들어 주고 열매가 많이 매달린 나무 두 그루가 있다고 가정해보세요. 새들이 어디에 앉아서 쉬고 싶어질까요? 그늘이 많고 열매가 많이 달린 나무에 앉아서 쉴 테지요. 나무는 새가 많이 날아와야 씨를 다른 곳에 많이 뿌릴 수 있습니다. 쉽게 말해 준비되어 있는 사람에게만 기회가 찾아오고, 찾아온 기회를 알아볼 수 있다는 거지요."

결국 성공하는 사람들의 특징

미국의 제16대 대통령 에이브러햄 링컨(Abraham Lincoln). 그는 누구보다 실패로 점철된 인생을 살았다. 그의 실패 경력을 들여다보면 좌절하고 절망해 자살하지 않은 것만 해도 대단하다는 생각이 들 정도다.

22세, 사업 실패

23세, 주의원 선거에서 낙선

24세, 사업 실패

26세, 연인 사망

29세, 의회 의장 선거에서 낙선

31세, 대통령 선거에서 낙선

34세, 국회의원 선거에서 낙선

39세, 국회의원 선거에서 낙선

46세, 상원의원 선거에서 낙선

47세, 부통령 선거에서 낙선

49세, 상원의원 선거에서 낙선

그러나 그는 이런 숱한 실패에도 포기하지 않았다. 오히려 언젠가 자신에게 찾아올 성공의 날을 위해 더욱 열심히 노력하며 준비했다. 그 결과 51세에 드디어 미국의 제16대 대통령에 당선되는 기쁨을 안았다. 그래서 링컨은 "난 준비할 것이다. 그러면 언젠가 기회가 올 것이다"라는 명언을 남긴 것이다.

혹자는 링컨이 30여 년 가까이 실패만 했다고 생각할지 모르지만,

나는 그렇게 생각하지 않는다. 그는 30여 년의 세월 동안 기회를 잡기 위한 준비를 했다고 생각한다. 그가 미국의 대통령이 될 수 있었던 건 그렇게 오랫동안 준비를 해왔기 때문이다.

당신은 지금보다 더 나은 삶을 살 자격이 있다. 어떤 환경에 처해 있든지 간에 꿈꾸는 미래만 생각하면서 기회를 잡을 수 있는, 준비된 사람이 되어야 한다. 준비가 되어 있는 사람은 자신의 꿈과 목표를 향해 한결같이 움직인다. 때로 어떤 시련이 닥치더라도 절대 부화뇌동하지 않는다. 그러려면 평소 자기관리, 자기계발을 통해 부지런히 자신의 능력을 갈고닦아야 한다. 그리할 때 어느 순간 인생을 바꿔줄 기회를 맞닥뜨리게 될 것이다.

마지막으로, 당신의 과거는 당신의 미래가 아니라는 것을 기억해야 한다. 그리하여 지금보다 백배 더 큰 인생, 성공하는 인생을 살기 바란다. 당신의 인생을 응원한다.

나는 매일 모든 면에서
조금씩 좋아지고 있다

제1판 1쇄 2023년 8월 4일
제1판 2쇄 2023년 8월 25일

지은이 김태광(김도사)
펴낸이 최경선 **펴낸곳** 매경출판(주)
기획제작 (주)두드림미디어
책임편집 이향선 **디자인** 얼앤똘비악earl_tolbiac@naver.com
마케팅 김성현, 한동우, 구민지

매경출판(주)
등록 2003년 4월 24일(No. 2-3759)
주소 (04557) 서울시 중구 충무로 2(필동1가) 매일경제 별관 2층 매경출판(주)
홈페이지 www.mkbook.co.kr
전화 02)333-3577
이메일 dodreamedia@naver.com(원고 투고 및 출판 관련 문의)
인쇄·제본 (주)M-print 031)8071-0961
ISBN 979-11-6484-588-0 (03190)

책 내용에 관한 궁금증은 표지 앞날개에 있는 저자의 이메일이나
저자의 각종 SNS 연락처로 문의해주시길 바랍니다.